Der Pfad zur Inneren Ruhe

Sumitra Shakya

Der Pfad zur Inneren Ruhe

Ein praktischer Leitfaden für mehr Achtsamkeit, Selbstreflexion, positives Denken und inneren Frieden durch inspirierende buddhistische Zen-Geschichten

1. Auflage
Copyright 2024 – Sumitra Shakya
Alle Rechte vorbehalten.
Das Werk darf - auch teilweise - nur mit Genehmigung des Verlags vervielfältigt werden.
ISBN: 978-3-98935-599-6

Lucid Page Media (ein Imprint der Orbita Media GmbH)
Ericusspitze 4
20457 Hamburg
Deutschland
kontakt@lucidpagemedia.de

WIDMUNG

An meine Familie.
An diejenigen, die nicht mehr hier sind, die immer da waren und die
immer da sein werden.

Der Pfad zur Inneren Ruhe

Inhaltsverzeichnis

Der Pfad zur Inneren Ruhe

Der Pfad zur Inneren Ruhe

Ihre Reise zur inneren Ruhe beginnt

Willkommen, liebe Leserin, lieber Leser, zum ersten Schritt auf Ihrer Reise zum inneren Frieden.

Dieses Buch ist ein Pfad und jede Geschichte ein Schritt, der Sie zu Achtsamkeit führt. Wie die uralten Pfade, die sich durch die Berge des Himalayas schlängeln, ist der Weg, der vor Ihnen liegt, voller Weisheit und schlichter Schönheit, die es zu entdecken gilt.

So wie die Zen-Mönche durch ihr Handeln lehren, sollen Ihnen diese Geschichten zeitlose Lektionen vermitteln, die mein Dasein erleuchtet haben. Um Sie bei diesem Abenteuer zu begleiten, habe ich spezielle Inhalte für Sie vorbereitet, die Sie einfach herunterladen können.

Wenn Sie diesen QR-Code scannen, erhalten Sie Zugang zu einer Auswahl kostenloser Boni, die ich persönlich zusammengestellt habe: zusätzliche Inhalte, die Sie dabei unterstützen werden, die Zen-Prinzipien und -Lehren, die Sie in diesem Buch entdecken, in Ihr tägliches Leben zu übertragen.

Ich hoffe, dass diese Geschenke Ihnen als Kompass auf Ihrer Reise dienen, so wie sie es für mich getan haben. Ich lade Sie ein, sich einen Moment Zeit zu nehmen, um diese Werkzeuge für Ihr Wachstum zu erforschen und sie Ihre Reise zur Gelassenheit bereichern zu lassen.

Mit Liebe und Präsenz,
Sumitra Shakya

Gefällt Ihnen das Buch?
Scannen Sie den QR-Code,
um eine Rezension zu
hinterlassen.

Der Pfad zur Inneren Ruhe

Vorwort

Hier beginnt der Weg:
Die Landkarte der inneren Wiedergeburt.

In einem friedvollen Dorf am Fuße der Berge verbrachte ein alter Mönch seine Tage in Meditation und Gebet. Seine Weisheit war im ganzen Dorf bekannt und viele Menschen kamen von nah und fern, um ihn zu hören. Eines Tages kam ein junger Reisender erschöpft zu ihm. "Meister", sagte er, " ich bin erschöpft. Auf meiner Suche nach innerem Frieden habe ich Wälder und Berge durchquert, doch scheint jeder Schritt, den ich gehe, mich weiter von meinem Ziel zu entfernen. Wie kann ich den richtigen Weg finden?"

Der Mönch lächelte freundlich und antwortete: *"Lieber Freund, der Weg beginnt hier, in deinem Inneren. Es ist keine Reise des Körpers, sondern ein Pfad des Geistes, eine Landkarte zu deiner inneren Wiedergeburt."*

Und so beginnt Ihr Abenteuer

Lieber Leser, liebe Leserin,

mit aufrichtiger Wärme und tief empfundener Dankbarkeit heiße ich Sie auf dieser außergewöhnlichen Reise des Daseins willkommen. Eine Reise, die nicht nur ein physischer oder zeitlicher Weg ist, sondern ein ewiges Abenteuer der Seele und des Geistes, eingeschlossen in den Seiten, die vor Ihnen liegen. Dieses Buch ist, wie Sie sehen werden, nicht einfach eine Ansammlung von Wörtern und Sätzen. Es ist eine Schatzkarte, sorgfältig entworfen, die Sie durch die unentwirrbaren Labyrinthe Ihres tiefsten Wesens, Ihres inneren Ichs führen wird.

Wir leben in einer Ära endloser Ablenkungen, in der alles mit Lichtgeschwindigkeit zu geschehen scheint. Wir werden ständig von Informationen, Verpflichtungen, Stress und Arbeitsüberlastung bombardiert. Inmitten dieses Lärms ist es leicht, den Blick für das zu verlieren, was wirklich wichtig ist: die Verbindung mit unserer wahren Natur, den inneren Frieden, die Gelassenheit. Es ist, als wären wir Seefahrer in einem stürmischen Meer, ohne Kompass. Dieses Buch strebt danach, Ihre Laterne zu sein, Ihr Leuchtfeuer im Dunkeln, Ihr Kompass, der Sie zurück auf den erleuchteten Pfad der Weisheit, des Bewusstseins und ja, der Glückseligkeit führen wird.

Jedes Kapitel, das Sie vorfinden werden, spiegelt eine Lebensphase wider, in der wir die Gelegenheit haben werden, gemeinsam die verschiedenen Facetten der Existenz zu erforschen. Von der Praxis der Achtsamkeit bis zur Tiefe der Reflexion, von der Kraft des positiven Denkens bis zum Erreichen des inneren Friedens, jede Geschichte ist eine Einladung zum Anhalten, zum Atmen, zum Nachdenken.

In jeder Geschichte liegt eine Welt der Weisheit, die darauf wartet, entdeckt, meditiert und vor allem tief in Ihrem Sein assimiliert zu werden.

In diesem hektischen Tanz des modernen Lebens mag es fast wie ein Luxus erscheinen, sich Zeit zum Lesen und Reflektieren zu nehmen.

Aber ich versichere Ihnen, sich Zeit für das Lesen, Wiederholen, Verstehen und Reflektieren zu nehmen, ist keineswegs ein Luxus; es ist wesentliche Nahrung für die Seele; es ist Balsam für ein erschöpftes Herz und einen müden Geist.

Aus diesem Grund ermutige ich Sie – bevor Sie Schlussfolgerungen ziehen – jede Geschichte mindestens dreimal zu lesen und bis zum Ende unseres Weges zu gehen. Wiederholung ist die Mutter der Erkenntnis und wird es Ihnen ermöglichen, immer neue Schichten von Bedeutung, Verständnis und Reflexion zu erforschen. Und um diese Perlen der Weisheit in Ihrem Herzen und Ihrem Geist zu sedimentieren, empfehle ich Ihnen, sich täglich in nicht mehr als zwei Geschichten zu vertiefen.

Wenn Sie diesem Ansatz folgen, lassen Sie die Geschichten im fruchtbaren Boden Ihres inneren Selbst keimen. Wie Samen der Weisheit werden sie zu robusten Bäumen der Intuition und des Verständnisses wachsen. Ihre Wurzeln werden tief in den Boden Ihres Seins eindringen und ihre Zweige werden sich zum unendlichen Himmel Ihres Potentials erstrecken.

Jede Geschichte in diesem Buch enthält einen Satz, ein Konzept oder ein Symbol, das wie ein esoterischer Schlüssel wirkt. Dieser Schlüssel wurde sorgfältig geschmiedet, um die Tür zu tiefem Verständnis und Bewusstsein zu öffnen. Wenn Sie diese Geschichten und die begleitenden Reflexionen lesen, lade ich Sie ein, dies mit offenem Geist und freiem Herzen zu tun, wie bei einer "leeren Tasse Tee". Dieses alte Zen-Symbol steht für einen Geist, der frei von Vorurteilen und Annahmen ist. Nur wenn er leer ist, kann er mit neuen Möglichkeiten gefüllt werden; und nur wenn er voll ist, kann er wieder geleert werden, um Platz für neue Entdeckungen zu schaffen. Dieser ständige Kreislauf von Leeren und Füllen ist eine endlose Schleife des Wachstums, der Evolution, der Bewusstwerdung.

Stellen Sie sich nun vor, dass Sie wie der "Unendliche Fluss" des Bewusstseins sind. Lassen Sie Ihr Verständnis frei fließen, ohne Hemmungen, ohne die mentalen Barrieren, die uns oft daran hindern, die Dinge so zu sehen, wie sie wirklich sind. Erlaube jeder Geschichte, dich zu umhüllen und zu tragen - wie ein leichtes, zartes Blatt, das vom Wasser getragen wird - bis zum unerforschten Horizont deines wahren Selbst. Lass dich treiben, lass dich tragen vom Strom der Worte, von den Lehren und Lektionen, die in jedem Satz, in jedem Absatz enthalten sind.

Jede Geschichte, die Sie lesen, ist ein Schritt, ein Abdruck auf dem Weg Ihrer inneren Entwicklung. Jeder Gedanke ist ein Wegweiser, ein Leuchtturm in der Dunkelheit, der die Richtung weist. Jedes Wort ist ein Baustein, mit dem Sie eine Brücke zu einer authentischeren und realeren Version Ihrer selbst bauen können.

Vergessen Sie nicht, dass Sie auf dieser Reise niemals allein sind. Wie ein treuer Begleiter bin ich hier, um Ihnen zur Seite zu stehen. Ich bin hier, um Rat zu geben, wenn der Weg unsicher erscheint, um meine Laterne mit Ihnen zu teilen, wenn der Weg dunkel wird, und um mit Ihnen jeden Meilenstein zu feiern, den Sie erreichen.

Ich weiß, dass auf dem Weg Zweifel aufkommen können. Vielleicht fragen Sie sich: "Ist Veränderung wirklich möglich? Kann ich inmitten dieses Chaos wirklich inneren Frieden finden?" Darauf antworte ich mit einer anderen alten Zen-Lehre: "Wenn der Schüler bereit ist, erscheint der Meister". Und in diesem Fall ist der "Meister" die Weisheit, die in diesen Geschichten und Reflexionen enthalten ist. Sie sind die Schlüssel, die die Türen zur eigenen Intuition und zum eigenen Bewusstsein öffnen.

Sind Sie bereit, diesen ersten, grundlegenden Schritt in Richtung Ihrer inneren und geistigen Wiedergeburt zu tun? Der Weg, den Sie einschlagen werden, ist bereits vorgezeichnet und liegt unter Ihren Füßen. Die Landkarte Ihres Erwachens, Ihres Neubeginns liegt in Ihren Händen. Es ist mir eine große Ehre, Sie auf dieser außergewöhnlichen Reise der Erforschung und Entdeckung Ihres wahren Selbst begleiten zu dürfen.

Es gibt keine Zeit zu verlieren. Die Seiten warten darauf, umgeblättert, die Geschichten gelesen, die Reflektionen meditiert zu werden. Schlagen Sie die erste Seite auf und lassen Sie den Wind des Schicksals in die Segel Ihrer Neugier und Ihres Wissensdurstes wehen. Tauchen Sie ein in den Fluss der Worte, lassen Sie sich von jeder Geschichte zu neuen Horizonten tragen und genießen Sie die süße Melodie der Stille zwischen den Worten.

In der Stille dieses Augenblicks, im Hier und Jetzt, lade ich Sie ein, zu beginnen. Sie sind in guten Händen. Sie sind in guter Gesellschaft. Und vor allem: Sie sind auf dem richtigen Weg. Kommen Sie, machen wir es gemeinsam. Schlagen Sie die erste Seite auf und lassen Sie uns dieses große Abenteuer der Seele beginnen.

Mit Liebe und Präsenz,
Sumitra Shakya

I
Achtsamkeit

Die Alchemie der Präsenz

1.
Die Blume im Sturm:
Das Geschenk des Bewusstseins

In einem Dorf, umgeben von Bergen und Wäldern, wo Kirschblüten in der Luft schwebten und der Regen Muster auf den Boden zeichnete, lebte Hanako, der Gärtner. Sein Haus lag versteckt hinter einem Meer von Farben und Düften, einem Garten, in dem jede Blume eine Geschichte zu erzählen schien. Trotz der häufigen Stürme, die die Region heimsuchten, überlebten seine Blumen nicht nur, sondern erblühten in einer Symphonie aus Farben und Düften.

An einem Herbsttag, als der Himmel zu regnen drohte und die Blätter sich gold und orange färbten, kam ein Reisender namens Kaito in das Dorf. Als er von Hanakos legendärem Garten hörte, beschloss er, ihn zu besuchen. Mit in Schlamm getauchten Händen pflanzte Hanako gerade vorsichtig eine neue Zwiebel, als Kaito eintraf.

"Ich habe noch nie so schöne Blumen gesehen, vor allem nicht in einer Gegend, die von Stürmen heimgesucht wird. Was ist dein Geheimnis?", fragte Kaito, dessen Augen vor aufrichtiger Neugier leuchteten.

Hanako hielt einen Moment inne, wischte sich die Hände an seiner Baumwollschürze ab und wandte sich mit einem ruhigen, beruhigenden Lächeln an Kaito. Siehst du, der Sturm ist nicht der Feind der Blume, sondern ein strenger Meister. Jeder Regentropfen schlägt wie eine Trommel und fordert die Blume auf, sich zu erheben. Jeder Windstoß ist wie eine Prüfung, eine Übung, um den Stiel zu stärken".

"Ehrlich gesagt, fällt es mir schwer zu glauben, dass Stürme irgendeinen Nutzen haben können", antwortete Kaito skeptisch.

"Wir alle betrachten Schwierigkeiten zunächst als Feinde, nicht als Meister. Aber mit dem Bewusstsein, lieber Besucher, ist es wie mit diesen Blumen. Es zieht sich vor den Stürmen des Lebens - den Schwierigkeiten, dem Stress, der Angst - nicht zurück, sondern schöpft aus ihnen Kraft. Wenn wir ganz präsent sind, wird jeder Augenblick, ob Freude oder Leid, zu einer Lehre. Und wie die Blume werden wir stärker, fähiger, dem nächsten Sturm zu trotzen, und dem nächsten und dem nächsten".

Kaito schwieg einen Moment und beobachtete, wie ein Wassertropfen von einem Chrysanthemenblatt glitt und sanft zu Boden fiel. Er fühlte eine seltsame Ruhe in sich aufsteigen, als hätte er inmitten des Sturms, der sein Leben war, einen verborgenen Schatz entdeckt.

"Ich danke dem Schicksal, dass es mich hierhergeführt hat, Hanako", sagte Kaito schließlich. "Du hast aus diesem Sturm eine Lektion fürs Leben gemacht."

Hanako lächelte: "Es ist nicht das Schicksal, Kaito-san. Es ist die Gabe des Bewusstseins, die es dir erlaubt, den Sturm nicht als Hindernis zu sehen, sondern als Durchgang zu einem neuen Verständnis von dir selbst und der Welt um dich herum.

"Als Kaito den Garten verließ, brach ein Sonnenstrahl durch die Wolken und beleuchtete die Blütenblätter einer jungen Lotusblüte im Gartenteich. Sogar die Blume schien sich dieses Augenblicks bewusst zu sein, als ob sie die Sonne, den Regen und den Wind wie die Meister, die sie waren, willkommen hieße.

Und so wurde die Geschichte von Hanako und seinem Garten zu einer Legende im Dorf, eine Geschichte darüber, wie das Bewusstsein die Stürme des Lebens in Gelegenheiten für Wachstum und innere Schönheit verwandeln kann. Eine Erinnerung daran, dass selbst inmitten der heftigsten Stürme eine Blume nicht nur überleben, sondern auch gedeihen kann.

Reflexion

Was kann uns diese Geschichte über Achtsamkeit lehren?

Inwiefern kann ein Garten, der trotz des Wetters in voller Pracht blüht, eine Metapher für unser Dasein sein?

Die Geschichte von Hanako und seinem wunderschönen Garten ist faszinierend und erhellend zugleich.

Als Kaito den Garten betritt, überkommt ihn ein Gefühl des Unglaubens und der Neugier.

Was, wenn dieser Unglaube den Zweifeln ähnelt, die wir angesichts der Herausforderungen des Lebens haben?

Herausforderungen, die wir wie Kaito nur als Hindernisse und nicht als Chancen sehen.

Hanako führt uns mit seiner stillen Weisheit zu einem Perspektivwechsel: Stürme sind keine Feinde, denen man ausweichen muss, sondern strenge Lehrmeister, von denen man lernen kann. Achtsamkeit ermöglicht es uns, die schwierigen Momente des Lebens - Stress, Ängste, Probleme - als Chance zu sehen, zu wachsen. Dieses Wachstum ist kein Akt der Überwindung eines Hindernisses, sondern ein Prozess der Integration. Die Integration der "Lehren aus dem Sturm" macht uns stärker, widerstandsfähiger und vielleicht sogar weiser.

Haben Sie schon einmal darüber nachgedacht, wie Sie auf Stürme in Ihrem Leben reagieren?

So wie Hanako jeden Regentropfen und jeden Windstoß als Chance sieht, ihre Blumen wachsen zu lassen, könnten auch Sie Herausforderungen als Momente sehen, die Sie auffordern, "aufzustehen".

Achtsamkeit ist der Schlüssel, um aus diesen Erfahrungen wichtige Lehren zu ziehen.

Eine noch subtilere Lektion ist die über den Wert der Präsenz. Kaito wirkt verändert, wenn er nur beobachtet, wie ein Wassertropfen von einem Blütenblatt rutscht.

Wie oft nehmen wir uns die Zeit, wirklich präsent zu sein? Um zu beobachten, zuzuhören und zu spüren, was uns umgibt?

In diesen Momenten reiner Präsenz können wir ein Gefühl des Friedens und der Einheit mit der Welt um uns herum entdecken.

Es ist auch wichtig zu erkennen, dass Bewusstsein kein Ziel ist, sondern eine Reise.

Achten Sie darauf, wie die junge Lotusblüte im Gartenteich die Sonne, den Regen und den Wind als ihre Herren zu begrüßen scheint.

Vollkommene Achtsamkeit ist ein fortwährender Akt, eine ständige Übung.

Sind Sie bereit, jeden Augenblick als Meister zu begrüßen und Achtsamkeit zu Ihrem ständigen Begleiter zu machen?

Letztendlich erinnert uns diese Geschichte daran, dass Achtsamkeit die Gabe ist, die es uns ermöglicht, das Leben nicht als eine Reihe von Hindernissen zu sehen, die es zu überwinden gilt, sondern als einen Weg des kontinuierlichen Wachstums. Ein Weg, auf dem jeder Sturm, jeder Regentropfen und jeder Windstoß Teile eines größeren Mosaiks sind, eines Bildes, das unsere einzigartige und persönliche Reise zu Selbstverständnis und Selbstakzeptanz darstellt.

Jeder Sturm in unserem Leben ist ein Ruf zur Bewusstwerdung, eine Einladung zum Wachstum.

2.
Der gespiegelte Mond:
Die Kunst der Anwesenheit

Ein Mönch namens Hideaki lebte in einem Bergtempel auf einem Hügel, einem verwunschenen Ort, umgeben von uralten Bäumen, deren Blätter leise im Wind raschelten, und Blumen, die zu jeder Jahreszeit blühten und einen Duft verströmten, der dem Atem der Erde selbst gleichkam. Neben dem Tempel befand sich ein stiller Teich, dessen Wasser so ruhig war, dass es wie ein vollkommener Spiegel aussah. Dieser Teich hatte die Gabe, den Mond so vollständig und hell zu reflektieren, dass es fast schien, als würde ein zweiter Stern aus dem Wasser aufsteigen.

Hideaki hatte noch etwas anderes an sich, etwas, das man in der Art spürte, wie er sich im Tempel bewegte, wie er die goldenen Chrysanthemen goss, wie er langsam die Seiten der heiligen Schriften umblätterte. Wenn er sprach, waren seine Worte wie eine leichte Brise, die die Blütenblätter der Blumen um ihn herum bewegte - sanft und fließend. Es hieß, dass sogar die Kois in seinem Teich mit ihren schillernden Schuppen unter seinem Blick friedlicher schwammen.

Eines Tages kam eine alte Frau auf ihn zu. Sie war im Dorf dafür bekannt, dass sie ständig in Aufruhr war und ihren Gefühlen freien Lauf ließ. "Hideaki-san, ich bin schon oft hierher gekommen", sagte sie, "und jedes Mal fühle ich mich für eine Weile ruhig, wenn ich den Teich und den Mond betrachte, der sich darin spiegelt. Aber wenn ich wieder nach Hause gehe, ist der Frieden verschwunden. Was kann ich tun, um diesen Frieden, den ich hier finde, mitzunehmen, wenn ich wieder in meinen Alltag mit all seinen Stürmen zurückkehren muss?"

Hideaki führte sie sanft zum Teich und hob einen Kieselstein auf. Er warf ihn ins Wasser und beide sahen zu, wie die Wellen sich ausbreiteten und das perfekte Spiegelbild des Mondes brachen. "Siehst du", sagte er, "wenn die Oberfläche aufgewühlt wird, scheint der Mond zu zerbrechen. Aber es ist nicht der Mond, der zerbrochen ist, es ist nur die Wasseroberfläche, die aufgewühlt ist."

Er schwieg einen Moment und ließ die alte Frau und das aufgewühlte Wasser zur Ruhe kommen. Langsam kehrte der Mond ganz in den Teich zurück. "Die Stürme deines Lebens mögen um dich herumwirbeln, aber wenn du deine innere Ruhe bewahren kannst, wird sich dein Wesen trotz des äußeren Chaos klar widerspiegeln. Übe dich in der Kunst der Präsenz, so wie dieses Wasser die Kunst der Ruhe übt."

Die alte Frau fühlte sich wie von einer Last befreit. Sie bedankte sich bei Hideaki und ging mit dem Gefühl, gerade einen Schluck eines seltenen und kostbaren Tees getrunken zu haben, der süß und bitter zugleich war, ein Tee, der nach Wahrheit und Freiheit schmeckte.

Die Geschichte von Hideaki und dem magischen Teich ist eine Einladung, die Kunst der Präsenz zu erforschen. Wenn wir ganz im Augenblick sind, wenn unser Verstand ruhig und unser Geist still ist, können wir die Schönheit und Komplexität des Lebens besser wahrnehmen. Wie das Wasser im Teich kann sich unser wahres Wesen nur widerspiegeln, wenn wir wirklich präsent sind.

Reflexion

Was symbolisiert der Mond, der sich auf dem stillen Teich spiegelt?

Der Mond, der sich auf dem stillen Teich spiegelt, wird zu einem kraftvollen Symbol für unser tiefstes Wesen, das klar und unverfälscht erscheint, wenn wir wirklich im gegenwärtigen Moment präsent sind.

Aber wie kann die Geschichte von einem Mönch und einem Teich etwas über den Zustand des Menschen aussagen, besonders in einer modernen Welt voller Ablenkungen?

Hideaki verkörpert die innere Stille, eine Stille, die nicht nur die Abwesenheit von Geräuschen ist, sondern die Fülle der Gegenwart.

Ist Ihnen schon einmal aufgefallen, dass es Menschen gibt, die selbst in den hektischsten Momenten ein Gefühl der Ruhe ausstrahlen?

Wie oft erleben Sie es, dass Sie ganz bei der Sache sind, anstatt Ihren Gedanken und Sorgen nachzuhängen?

Es stellt sich die Frage: Ist es möglich, auch in der Hektik des modernen Lebens eine Quelle der Ruhe zu schöpfen?

Die ältere Frau in der Geschichte steht für uns alle, die in einem Kreislauf von stürmischen Emotionen und Stress gefangen sind.

Wie sie können auch wir Momente der Ruhe finden, nur um dann festzustellen, dass sie schnell wieder verschwinden, wenn wir in die hektische Realität unseres Lebens zurückkehren.

Hideaki bietet eine Lösung an: Innere Ruhe kann bewahrt werden, egal wie stürmisch das Leben draußen ist.

Die Kunst der Präsenz ist genau das: ein stabiles Zentrum zu bewahren, eine ruhige Wasseroberfläche, auf der sich der Mond unseres Wesens in seiner ganzen Helligkeit widerspiegeln kann.

Sie fragen sich vielleicht: Welche Techniken kann ich anwenden, um diese innere Ruhe zu praktizieren?

Hideakis Aktion, einen Kieselstein in den Teich zu werfen und zu beobachten, wie die Wellen das Spiegelbild des Mondes stören, ist eine praktische Übung in Achtsamkeit.

Haben Sie schon einmal versucht, Ihre Gedanken wie Wellen in einem Teich zu beobachten? Und wenn ja, was ist Ihnen dabei aufgefallen?

Wie oft nehmen Sie Ihre Gedanken und Gefühle wahr, ohne sie zu bewerten, und lassen sie wie Wellen kommen und gehen?

Hideaki benutzt den Mond und das Wasser als Metaphern, aber die Botschaft ist universell. Ganz gleich, welche Stürme in unserem Leben toben, die Fähigkeit, einen Kern von Ruhe und Präsenz zu bewahren, ist immer da.

Hideakis Geschichte lädt uns ein, die Qualität unserer Präsenz in jedem Moment zu untersuchen. Es ist ein Aufruf, den reflektierten Mond in uns zu erkennen und anzunehmen, den Teil unseres Wesens, der konstant und unveränderlich bleibt, egal wie viele "Wellen" das Leben über uns schlägt.

Was ist dein reflektierter Mond? Wie ehren wir ihn in unserem täglichen Leben? Die Antworten auf diese Fragen könnten der erste Schritt zu einem Leben sein, das in Tiefe und Authentizität gelebt wird, ein Leben, in dem der reflektierte Mond in dir hell, klar und vollständig leuchtet.

3.
Die zerbrochene Vase:
Bewusstes Loslassen

In einem stillen Kloster, versteckt in den Falten der schneebedeckten Berge, lebte Jiro, ein alter Mönch. Der Ort strahlte eine Aura der Stille und Kontemplation aus, perfekt für Selbstreflexion und Meditation. Jiro war ein Mann der wenigen Worte, aber der großen Weisheit, bekannt für seine Gabe, anderen zu helfen, inneren Frieden zu finden.

An einem Herbstnachmittag war ein junger Mönch namens Hiroshi dabei, einen der Meditationsräume zu entstauben. Eine zerbrechliche, wunderschöne Porzellanvase schmückte eine Nische in der Ecke des Raumes. Die Vase war ein Schatz des Klosters, ein Geschenk eines Kaisers vor vielen Jahrhunderten, und ihre Anwesenheit schien fast heilig.

Durch ein unerwartetes Geräusch von draußen, wandte Hiroshi den Blick nur kurz ab, doch das genügte, um seine Konzentration zu unterbrechen. Das Tuch, das er gerade benutzte, streifte den Rand der Vase und ließ sie zu Boden fallen. Ein Schauer des Grauens überlief ihn. Stücke der Geschichte und der Spiritualität lagen nun als Mosaik auf dem Boden verstreut.

Jiro, der das Geschehen von der Tür aus beobachtet hatte, ging langsam auf Hiroshi zu. "Die Vase war noch nie so schön wie jetzt", sagte er leise und richtete seinen durchdringenden Blick auf die Scherben am Boden.

"Aber Meister, wie kann das sein? Ich habe etwas Wertvolles zerstört", stammelte Hiroshi und die Schuld stand ihm deutlich ins Gesicht geschrieben.

Jiro sah ihn gelassen an. "Als Ganzes war die Vase sicher ein bewundernswertes Kunstwerk. Aber sieh dir diese Fragmente an, jedes einzelne birgt eine eigene Schönheit, eine einzigartige Geschichte. In ihrem jetzigen Zustand lehrt uns die Vase eine wichtige Lektion: die Lektion des Loslassens".

Während er sprach, hob Jiro einige Scherben der Vase auf und betrachtete sie bewundernd. "Siehst du, aus diesen Scherben kann noch etwas Neues und Schönes entstehen. Loslassen heißt nicht wegwerfen, sondern die Tür zu neuen Möglichkeiten öffnen. Das gilt auch für unsere spirituelle Praxis. Manchmal müssen wir alte Überzeugungen und Anhaftungen loslassen, um zu wachsen und Freiheit zu finden".

"Ich verstehe, Meister. In meinem Fehler liegt eine Lektion der Weisheit", nickte Hiroshi und spürte, wie die Last seines Fehlers von ihm abfiel wie Schnee im ersten Frühlingswind.

Jiro lächelte: "Und so wirst auch du, Hiroshi, ein Teil dieses Schiffes. Ein Fragment, das zu seiner fortwährenden Geschichte beiträgt, ein greifbares Zeichen seiner ewigen Schönheit und Lehre".

Die Geschichte von Jiro und der zerbrochenen Vase lehrt uns, dass Achtsamkeit wie dieses neue Bild ist: Es ist die Kunst, selbst im Chaos die Schönheit zu sehen, es ist die Weisheit, das loszulassen, was nicht mehr sein kann, um Platz zu schaffen für das, was werden kann. In der Kunst des Loslassens, im Sehen neuer Formen auch im Zerbrochenen, können wir unbekannte Wege entdecken, die zu Freiheit und innerer Gelassenheit führen.

Reflexion

Wir leben in einer hektischen Welt, die uns selten den Luxus erlaubt, innezuhalten und nachzudenken.

Haben Sie schon einmal darüber nachgedacht, wie viele "Töpfe" Sie in Ihrem Leben haben? An wie vielen Dingen, Menschen oder Ideen Sie hängen, als würden sie bestimmen, wer Sie wirklich sind? Und wie schwer es Ihnen fällt, loszulassen, vor allem, wenn das Objekt Ihrer Liebe zerbricht oder sich verändert?

Die Geschichte von der zerbrochenen Vase zeigt uns, dass alles vergänglich ist und dass jedes Ende auch ein neuer Anfang ist.

Lassen Sie uns einen Moment über den Perfektionswahn nachdenken. Wir leben in einer Zeit, in der Perfektion das Ziel ist, aber wollen wir wirklich so leben? Perfektion könnte wie eine Vase ohne Scherben sein: schön, aber statisch, unfähig, sich weiterzuentwickeln.

Jeder Scherben dieser zerbrochenen Vase trägt eine Geschichte in sich, ein Stück Weisheit. In einer Welt, die das Einzigartige schätzt, mag es seltsam erscheinen, dass die wahre Schönheit in den Fragmenten, in den "Fehlern" liegt.

Aber ist es nicht so, dass man aus den Momenten des Scheiterns mehr lernt als aus den Momenten des Erfolgs?

Loslassen wird oft als ein Akt des Aufgebens gesehen, aber was wäre, wenn das Gegenteil der Fall wäre? Was wäre, wenn das Loslassen eine Möglichkeit wäre, neue Möglichkeiten zu eröffnen, in unserem inneren "Topf" Platz für neue Erfahrungen und Chancen zu schaffen?

In der Geschichte verurteilt Jiro Hiroshi nicht für seinen Fehler. Im Gegenteil, er ermutigt ihn, die Schönheit in den Bruchstücken zu sehen, zu erkennen, dass jedes Bruchstück Teil einer größeren Geschichte ist.

Und geht es Ihnen nicht auch so? Jede Entscheidung, die Sie treffen, jeder Fehler, den Sie begehen, ist ein Fragment, das zur Geschichte Ihres Lebens beiträgt.

Es ist eine Einladung, einen Gang zurückzuschalten und darüber nachzudenken, was einem wirklich wichtig ist.

Was wäre, wenn die "Töpfe", die Sie zu brauchen glauben, Sie in Wirklichkeit davon abhalten, herauszufinden, wer Sie wirklich sind? Was wäre, wenn das Zerbrechen eines "Topfes" eine Gelegenheit wäre, sich selbst neu zu entdecken und wieder aufzubauen?

Auf dem Weg zu Bewusstheit und Akzeptanz liegt die Kraft im Loslassen. Es geht nicht um Verleugnung oder Zerstörung, sondern um Annahme und Schöpfung. Loslassen ist ein Akt des Mutes, der es Ihnen erlaubt, ganz zu leben, in jedem Augenblick präsent zu sein und jedes Fragment Ihres Lebens als Teil eines größeren, großartigen Mosaiks zu begrüßen.

Sind Sie bereit, loszulassen und die Schönheit zu entdecken, die in Ihren "Bruchstücken" verborgen ist?

Warum nehmen Sie sich heute nicht einen Moment Zeit, um einen "Topf" in Ihrem Leben zu identifizieren, den Sie loslassen möchten?

4.
Das Lied der Gletscher:
Harmonie in der Realität

In einem abgelegenen Tal zwischen den schwindelerregenden Gipfeln des Himalaya, fernab jeglicher Zivilisation, erhob sich der Aruna-Gletscher wie ein kristallklares Heiligtum inmitten der Berge. Seine Eiswände erstrahlten in einem fast göttlichen Licht, umspielt von Winden, die uralte Melodien sangen. Der Schnee türmte sich von Zeit zu Zeit auf und schmolz wieder dahin, wie ein Symbol für den ewigen Kreislauf von Geburt, Tod und Erneuerung. Jahrhundertealte Bäume und alpine Pflanzen umgaben diesen Ort wie Wächter eines zeitlosen Tempels.

Kavi, ein Mann in der Mitte seines Lebens, getrieben von einer rastlosen Sehnsucht nach Verstehen, durchquerte undurchdringliche Täler, reißende Flüsse und fast unpassierbare Pfade. Nach tagelanger, anstrengender Reise, mit vor Hoffnung geschwollenem Herzen und müden Beinen erreichte er schließlich den Fuß des mythischen Aruna. Er blickte hinauf, und für einen Moment schienen alle seine Sorgen in dem gewaltigen Gletscher zu verschwinden.

"Warum kann ich nicht so sein wie du?", rief Kavi, und die frische Luft ließ ihre Worte fast erstarren. "Du bist so ruhig, so feierlich, während ich mich wie ein Schiffbrüchiger auf stürmischer See fühle. Wie soll ich den Frieden finden, den du verkörperst?"

Der Aruna-Gletscher hatte keine Stimme, aber der Wind, der von seinen Gipfeln wehte, schien eine Antwort zu flüstern. Kavi lauschte aufmerksam und hatte zunächst Mühe, die Windgeräusche zu deuten. Dann begriff er: "Schau genau hin. Auch ich, in dieser scheinbaren Stille, verändere mich. Ich bin nicht jeden Tag derselbe. Jede Schneeflocke, die auf mich fällt, jeder Sonnenstrahl, der mich berührt, jeder Wind, der mich bewegt, verändert einen Teil von mir. Ich bin nicht unbeweglich, ich bin in ständiger Bewegung und Akzeptanz. Die

Realität zu akzeptieren bedeutet, mit der Veränderung zu tanzen, sie nicht abzulehnen.

Ein Gefühl von Wärme überkam Kavi trotz der kalten Umgebung. Diese unsichtbaren Worte boten ihm einen Trost, den er noch nie erfahren hatte. "Du hast Recht, Aruna. Ich habe immer nur die Oberfläche der Dinge gesehen, nicht den subtilen und komplexen Tanz, der sich tief im Inneren abspielt."

Und während er diese Worte sprach, bemerkte Kavi ein Detail, das ihm vorher entgangen war: einen Bach, der von einer Seite des Gletschers floss. Es war, als würde Aruna gleichzeitig weinen und lachen, in einem Kreislauf ewiger Regeneration.

"Wertvolle Lektion, Aruna", sagte Kavi und ballte dankbar die Faust. "Ich verstehe jetzt, dass das Annehmen der Realität wie das Umarmen eines sich ständig bewegenden Flusses ist. Ich darf nicht gegen die Strömung ankämpfen, sondern muss ein Teil von ihr werden und meinen Geist mit den unveränderlichen Gesetzen des Universums in Einklang bringen".

Kavi blieb noch eine Stunde, atmete tief die vom Gletscher gereinigte Luft ein und spürte, wie jede Zelle seines Körpers in einer neuen Frequenz des Friedens und der Akzeptanz schwang. Dann machte er sich leichten Schrittes und mit einem vor Dankbarkeit geschwollenen Herzen auf den langen Heimweg, im Gepäck eine neu gefundene Harmonie, ein stilles, aber unbezahlbares Geschenk der weisen und ewigen Aruna.

Und so dachte Kavi jedes Mal, wenn das Leben ihn vor ein neues Hindernis oder eine neue Herausforderung stellte, an den Aruna-Gletscher.

Und tief in seinem Herzen erklang das Lied des Gletschers wie eine beständige Hymne an die Gegenwart, die Akzeptanz und die erhabene Schönheit des Hier und Jetzt.

Reflexion

Ist es wirklich so schwer, Veränderungen zuzulassen?

Wie oft in unserem Leben haben wir uns nach vollkommener Stille gesehnt, nach dem ursprünglichen Frieden, den Kavi im Aruna-Gletscher zu sehen glaubte?

Doch als wir uns unserer "Version" des Gletschers näherten, erkannten wir, dass die scheinbare Stille eine Illusion war, ein Schleier, hinter dem sich ein ewiges Ballett der Veränderung verbarg.

Ist Veränderung nicht das Wesen des Lebens?

Die Geschichte von Kavi und dem Aruna-Gletscher ist eine bezaubernde Reise zur Akzeptanz der Realität. Kavi war besessen von der Idee, einen Zustand der Vollkommenheit zu erreichen, eine Stille, die ihn von den stürmischen Wellen seines inneren Wesens befreien würde. In seinem Streben nach einem unveränderlichen Ideal ignorierte er jedoch die tiefe Wahrheit, dass Veränderung unvermeidlich, natürlich und, ich wage zu sagen, schön ist. Der Aruna-Gletscher mit seiner scheinbaren Ruhe ist in Wirklichkeit ein sich ständig veränderndes Wesen, das von jedem Naturelement, mit dem es in Berührung kommt, beeinflusst wird.

Was bedeutet es also, "mit der Veränderung zu tanzen"?

Es ist die Fähigkeit, die Umstände, ob gut oder schlecht, als Chance zu sehen, zu wachsen, sich zu entwickeln und stärker zu werden. Es ist die Kunst, zu beobachten, ohne zu urteilen, und jeden Moment als Teil des unendlichen Flusses des Lebens zu begrüßen.

Warum gegen den Strom ankämpfen, wenn wir ein Teil davon sein können?

Und Sie, verehrter Freund, wie oft ertappen Sie sich dabei, dass Sie gegen den Strom des Lebens ankämpfen, anstatt mit ihm zu tanzen? Das Akzeptieren der Realität bedeutet nicht, passiv oder indifferent gegenüber den Veränderungen des Lebens zu werden. Vielmehr bedeutet es zu verstehen, dass jede Situation, jede Herausforderung, jedes Hindernis tatsächlich eine Stufe auf einer endlosen Leiter zu tieferer Bewusstheit ist.

Es ist keine leichte Aufgabe, aber mit Übung und Bewusstheit können wir alle lernen, mit dem Wandel zu tanzen, so wie Kavi es mit den weisen Lehren des Aruna-Gletschers getan hat. Wenn wir die Realität mit neuen Augen sehen, befreit von der Illusion der Stille, entdecken wir, dass jeder Moment ein kostbares Mosaiksteinchen der Existenz ist.

Wenn Sie sich also das nächste Mal vom unaufhörlichen Fluss des Lebens überwältigt fühlen, fragen Sie sich: "Was kann ich aus dieser Erfahrung lernen? Wie kann ich ein Teil des Flusses werden, anstatt mich ihm zu widersetzen?"

Vielleicht finden Sie wie Kavi einen Weg, Ihren Geist auf die unveränderlichen Gesetze des Universums einzustimmen und die erhabene Schönheit des Hier und Jetzt zu entdecken.

5.
Das Wagenrad:
Fokus auf das Hier und Jetzt

In einem abgelegenen Winkel Nepals, in einem Dorf, das vom Duft der Kirschblüten und dem melodischen Rauschen der Bäche umgeben ist, befand sich die Werkstatt von Hiroshi. Der alte Schmied war so etwas wie der Held des Dorfes. Nicht nur wegen seiner Fähigkeit, die stärksten und am besten ausbalancierten Wagen zu bauen, die das Dorf je gesehen hatte, sondern auch wegen der Aura, der Ruhe, die ihn umgab und die so spürbar war wie die Feuchtigkeit in der Luft.

Eines Tages öffnete sich die Tür der Werkstatt mit einem leisen Knarren und ein junger Mönch namens Tadao trat ein. Ihn hatte nicht nur Hiroshis Ruf als Kunsthandwerker angezogen, sondern auch die Geschichten über seine unfassbare Ruhe, seinen inneren Frieden.

"Meister Hiroshi, darf ich Ihnen bei der Arbeit zusehen? Ich bin hier, um zu lernen. Um das Geheimnis zu lernen, so ruhig zu sein wie Sie", bat Tadao und faltete die Hände in einer Geste des Respekts.

Hiroshi legte sein Werkzeug beiseite und sah Tadao in die Augen. "Siehst du, der Schlüssel ist, sich auf das Hier und Jetzt zu konzentrieren. Wenn ich an einem Rad arbeite, gibt es für mich nur dieses Rad. Seine Form, seine Balance, seine Funktion. Ich denke nicht über das ganze Auto nach, wie es benutzt wird oder welche Strecken es zurücklegen wird. Ich konzentriere mich einfach auf den Moment, und in diesem Moment finde ich meinen Frieden.

Tadao fühlte sich, als wäre ein Schleier von seinen Augen genommen worden. Er sah Hiroshi bei seiner Arbeit zu, als würden der Schmied und das Rad, an dem er arbeitete, einen stillen Tanz vollführen, einen Tanz, der alles andere ausschloss.

"Sei wie ein Rad, junger Mönch. Drehe dich immer, aber bleibe auf deiner Achse zentriert, im gegenwärtigen Augenblick. So wirst du deinen Frieden finden", sagte Hiroshi, unterbrach seinen Tanz für einen Moment und schenkte Tadao ein Lächeln, das Weisheit auszustrahlen schien.

In diesem Moment flog ein zartes Kirschblütenblatt durch das offene Fenster der Werkstatt und landete sanft auf dem unvollendeten Rad. Als wäre es ein göttliches Zeichen, atmeten beide in stillem Bewusstsein auf.

"Meister Hiroshi, Eure Weisheit ist kostbarer als jedes Juwel. Wie kann ich Euch danken?", fragte Tadao und sein Herz schwoll vor Dankbarkeit.

Hiroshi ging in eine Ecke seiner Werkstatt und holte eine kleine Holzkiste hervor. Er öffnete sie und holte die Miniatur eines Wagenrades heraus. Die handwerkliche Arbeit war exzellent. "Behalte dies bei dir, junger Mönch. Möge es dir als Erinnerung dienen, wenn die Welt draußen zu laut wird."

Tadao nahm das Geschenk mit einer tiefen Verbeugung entgegen, denn er wusste, dass es mehr als nur ein Gegenstand war: Es war das Symbol einer Lehre, die ihn sein Leben lang begleiten würde. Als er die Werkstatt verließ, ging ihm ein Gedanke durch den Kopf: "Wahrer Friede ist kein Ziel, sondern eine Reise". Und er wusste, dass seine Reise von nun an von Hiroshis Weisheit erleuchtet sein würde.

Reflexion

Die Geschichte von Hiroshi und Tadao ist eine Hymne an die Achtsamkeit und die Kunst der Präsenz.

Wie oft ertappen wir uns wie Tadao auf der Suche nach der magischen Berührung, die unsere Unruhe in Ruhe, unser inneres Chaos in Gelassenheit verwandelt?

Die Antwort liegt oft in der Einfachheit, in der reinen Präsenz, in der Aufmerksamkeit für das, was wir im Augenblick tun.

Hiroshi, der die Kunst des Rädermachens meisterhaft beherrscht, gibt uns eine Lektion, die sich auf jeden Aspekt des Lebens anwenden lässt.

Fragen Sie sich selbst: Bin ich wirklich präsent, wenn ich mich mit einem Freund unterhalte, wenn ich arbeite oder auch wenn ich mir einen Moment der Ruhe gönne?

Oder bin ich wie ein Blatt, das vom Wind der Gedanken, Sorgen, Pflichten und Erwartungen davongetragen wird?

Das ist die Kunst der Präsenz: Ein Schmied, der ein Rad schmiedet, ist ganz in dieses Rad vertieft. Er ist nicht ein Moment, der von einem ganzen Prozess getrennt ist, sondern die Essenz des Prozesses selbst. Stellen wir uns vor, jeder Augenblick, den wir erleben, wäre wie dieses Rad, perfekt in seiner Einzigartigkeit, und würde unsere volle Aufmerksamkeit und Sorgfalt erfordern.

Ist das nicht der Weg zu einem Leben in Fülle?

Was bedeutet das Geschenk von Hiroshi Tadao? Es ist nicht nur ein materielles Symbol, sondern ein Werkzeug, das den Geist, wenn er abschweift, ins Hier und Jetzt zurückholt.

Wie viele von uns könnten im Alltag von einer solchen "Erinnerung" profitieren??

Denken Sie daran: Präsenz ist der Schlüssel, um jeden Augenblick in Gold zu verwandeln, um das Gewöhnliche in etwas Außergewöhnliches zu verwandeln.

Frieden ist kein fernes Ziel, das es zu erreichen gilt, sondern eine Entscheidung, die hier und jetzt, mitten im Alltag, getroffen werden kann.

Die grundlegende Frage lautet: Sind wir bereit, diese Entscheidung hier und jetzt zu treffen? Tadao tat es und sein Weg wurde erleuchtet. Wie steht es mit Ihnen? Was ist Ihr Weg zur Präsenz, zur Ruhe mitten im Sturm des Lebens?

6.
Die einsame Wolke:
Beobachten ohne zu urteilen

In einem abgelegenen Tal, einem wahren Juwel der Natur, eingebettet zwischen hohen Bergen und saftigen Wiesen, stand ein alter Tempel, in dem ein Mönch namens Akio lebte. Dieser Ort war ein spirituelles Refugium, ein Zufluchtsort für die Seele, an dem die Zeit stillzustehen schien. Akio, dessen Gesicht von den Falten des Alters

gezeichnet war, aber von einem ewigen Lächeln erhellt wurde, war die Verkörperung von Frieden und Gelassenheit. Seine Tage begannen und endeten mit Meditation, dazwischen widmete er sich der Pflege des Tempels und der Zen-Gärten, die ihn umgaben.

Trotz seiner scheinbaren Ruhe gab es ein Dilemma, das gelegentlich die ruhige Oberfläche seines Geistes störte. Es war wie eine dunkle Wolke am ansonsten klaren Himmel, ein ungelöstes Problem, das darauf wartete, dass der Regen der Einsicht es auflöste.

Eines Tages machte sich ein Pilger namens Yumi auf den Weg durch das Tal. Mit leichten, aber entschlossenen Schritten erreichte er den Tempel, angezogen vom Ruhm der Weisheit Akios.

"Guten Tag, ehrwürdiger Mönch. Ich habe gehört, dass Sie ein Mann von großer Weisheit und großem Verständnis sind. Ich habe eine Frage, die mich quält, und ich habe mich gefragt, ob Sie mir helfen könnten, die Antwort zu finden."

"Du bist willkommen, Pilger", sagte Akio, sein Gesicht strahlte wie die Sonne, die durch die Wolken brach. "Frag nur, und ich werde sehen, wie ich dir helfen kann."

Yumi hob den Arm und zeigte mit dem Finger in den blauen Himmel. "Schau nach oben, siehst du die einsame Wolke da oben, die scheinbar ziellos umherzieht? Warum ist sie so? Warum ist sie allein? Warum verbindet sie sich nicht mit den anderen Wolken und bildet einen Sturm oder löst sich in der großen Leere des Himmels auf?"

Akio folgte Yumis Finger und betrachtete die Wolke aufmerksam. Die Zeit schien sich zu verlangsamen, als seine grauen Augen das wabernde Weiß betrachteten. Nach einem langen Moment des Schweigens, in dem er seine Worte sorgfältig abzuwägen schien, sprach Akio:

"Diese Wolke ist weder allein noch isoliert. Sie befindet sich nur an einem Punkt ihrer Bahn, an dem sie von den anderen getrennt zu sein scheint. Aber die Wahrheit ist, dass sie weder über sich selbst urteilt, weil sie allein ist, noch danach strebt, ein Sturm zu werden oder sich aufzulösen. Sie existiert einfach und beobachtet ohne Urteil ihren Platz im ewigen Kreislauf des Lebens".

Diese Worte drangen in Yumis Seele ein wie Tautropfen auf ein Blütenblatt. Die Klarheit, die er suchte, strömte in ihn hinein und spülte die Unsicherheiten und Sorgen fort, die er mitgebracht hatte. "Ich danke dir, Akio. Deine Worte haben die Wolken in meinem Kopf vertrieben."

Mit einem Nicken und einem Lächeln, das Heiterkeit ausstrahlte, blickte Akio Yumi nach, als dieser ging und seine Reise mit leichtem Herzen und offenem Geist fortsetzte. Bereit, das Leben so anzunehmen, wie es kommt, ohne zu urteilen, wie die einsame Wolke am Himmel.

Reflexion

Wie kann man sein Leben in Fülle leben, wenn man ständig gezwungen ist, sich selbst, andere und die Situationen, denen man begegnet, zu bewerten?

Die Geschichte von Akio und Yumi lädt Sie ein, über einen der Grundpfeiler der Zen-Weisheit nachzudenken: Beobachten ohne zu urteilen.

Der Mönch Akio verkörpert den Kern der inneren Ruhe, die Sie anstreben. Diese Ruhe ist jedoch nicht die Abwesenheit von Konflikten oder Dilemmas. Auch Akio hat seine "einsame Wolke", eine ungelöste Frage, die über seinem Geist schwebt.

Yumis Frage nach der einsamen Wolke ist mehr als nur eine meteorologische Untersuchung; sie ist ein Plädoyer für ein tieferes Verständnis des Wesens von Existenz und Isolation.

Haben Sie sich jemals wie diese einsame Wolke gefühlt, getrennt und isoliert, und wollten Sie sich dem Sturm des Lebens um Sie herum anschließen oder sich im Äther auflösen, um Ihrer Einsamkeit zu entkommen?

Akios Antwort trifft den Kern der Sache: Die Wolke ist wie Sie Teil eines größeren Kreislaufs, und das Urteil, das Sie über sich selbst fällen, ist oft eine Barriere, die Sie daran hindert, diese größere Wahrheit zu sehen.

Haben Sie schon einmal darüber nachgedacht, wie sehr Ihre Wahrnehmung von sich selbst und der Welt durch ein Prisma vorgefasster Urteile gefiltert sein kann?

Wir sind darauf trainiert zu kategorisieren, zu etikettieren, zu bewerten.

Aber was passiert, wenn man diese Urteile beiseitelässt?

Eine Welt der Möglichkeiten und der Akzeptanz kann sich öffnen, nicht nur für das, was außerhalb von uns ist, sondern auch für das, was in uns ist.

Wie die Wolke am Himmel, die weder ganz allein ist, noch sich danach sehnt, etwas anderes zu sein als das, was sie ist, können wir Frieden finden, wenn wir unseren Platz im Großen und Ganzen akzeptieren.

Akio gibt nicht nur eine Antwort auf Yumis Frage, sondern auch ein Modell für den Umgang mit inneren Dilemmata.

Wie könnte man das Konzept des "Beobachtens ohne zu urteilen" im Alltag anwenden?

Stellen Sie sich vor, wie befreiend es wäre, Ihre Gedanken, Gefühle und Handlungen aus mitfühlender Distanz und ohne die Last des Urteils zu beobachten.

Die Geschichte endet damit, dass Yumi seine Reise mit leichtem Herzen und offenem Geist fortsetzt, denn er hat gelernt, das Leben so anzunehmen, wie es kommt, ohne zu urteilen. Das ist eine Lektion, die auch Sie auf Ihre persönliche Reise mitnehmen können. Es geht nicht nur darum, Antworten zu finden, sondern zu lernen, die Fragen zu leben. So können Sie wie Akio und Yumi inmitten Ihres turbulenten Lebens entdecken, dass der Schlüssel zu innerem Frieden und Verständnis darin liegt, die Welt um sich herum zu beobachten, ohne zu urteilen.

7.
Die leere Teetasse:
Sich der Erfahrung öffnen

Der zarte Duft des Herbsttees durchdrang die Luft des Zen-Gartens, wo der Meister, bekleidet in einem malvenfarbenen Seidengewand, in die Teezeremonie vertieft war. Es war ein Ritual, das ihm eine seltsame Art von Ruhe verlieh, einen heiligen Moment ganz für sich. Die goldenen Blütenblätter der Chrysanthemen und

die kleinen glatten Steine schienen an seiner stillen Meditation teilzunehmen.

Mit einem Rascheln des Stoffes und einer fühlbaren Energie stürmte ein junger Schüler, Taro, in den heiligen Bezirk. Seine Augen waren Wolken der Frustration. "Meister, ich habe jedem Schritt gefolgt, den Sie mich gelehrt haben. Ich habe unter dem Wasserfall meditiert, die Sutren rezitiert, aber ich komme auf meinem spirituellen Weg nicht voran. Ich fühle mich, als würde ich in einem Labyrinth ohne Ausgang gehen. Warum?"

Der Meister betrachtete den Jungen einen Moment lang. "Setz dich, Taro," sagte er mit einem Ton, der sowohl Güte als auch Autorität vermittelte. Er nahm eine zweite Tasse vom Regal eines kleinen Bambustisches und begann, den Tee mit einer fließenden und bedachten Bewegung zu gießen. Die Tasse füllte sich, doch der Meister hörte nicht auf zu gießen. Der Tee begann überzulaufen, erst den Tisch benetzend, dann bildete sich eine kleine Pfütze auf dem Boden.

"Meister! Was machen Sie? Die Tasse ist bereits voll! Sie kann nicht mehr aufnehmen!" rief Taro aus, die Augen weit aufgerissen.

Der Meister stellte die Teekanne sanft ab und blickte Taro mit durchdringenden Augen an. "Genau wie diese Tasse, so bist auch du voll von deinen Vorurteilen und deinen Urteilen. Wie kannst du erwarten, etwas Neues zu lernen, wenn du nicht zuerst deine Tasse leerst?"

In Taros Augen entzündete sich das Verständnis wie eine Lampe, die die Dunkelheit der Nacht durchbricht. "Ich verstehe, Meister. Ich muss meinen Geist freimachen, um Platz für neues Wissen zu schaffen."

"Nicht nur den Geist, Taro," antwortete der Meister, "sondern auch das Herz. Manchmal gefangen uns Emotionen genauso wie Gedanken. Leere deine emotionale Tasse, und du wirst die Freiheit finden, grenzenlos zu erkunden."

Während sie gemeinsam das Durcheinander beseitigten, schien es, als würden mit ihm auch Taros Unruhen verschwinden. Dann setzten sie sich erneut. Der Meister goss eine weitere Tasse Tee, und dieses Mal blieb die Flüssigkeit innerhalb der Grenzen der Tasse, Symbol für das neue Verständnis, das in Taros Geist und Herz Platz gefunden hatte.

Reflexion

Haben Sie je das Gefühl gehabt, dass Sie trotz Bemühungen zu wachsen und sich zu verändern, in einem endlosen Zyklus der Stagnation gefangen sind? Ist es Ihnen jemals passiert, dass Sie dachten, alles "richtig" gemacht zu haben, den "Regeln" gefolgt zu sein, nur um festzustellen, dass der spirituelle oder persönliche Weg, den Sie eingeschlagen haben, ein endloses Labyrinth zu sein scheint? Wenn Sie sich in diesen Fragen wiedererkennen, könnte die Geschichte des Meisters und seines jungen Schülers Taro tief in Ihnen nachhallen.

Die Teezeremonie im Zen-Garten steht für mehr als nur ein einfaches Ritual; sie ist ein Symbol für Leere und Fülle, für Öffnung und Verschluss. Während der Meister Tee in die bereits volle Tasse goss, übermittelte er eine grundlegende Wahrheit, die nicht nur Taro, sondern auch Sie betrifft: Eine bereits volle Tasse kann nichts Weiteres aufnehmen.

Wie viele von uns gehen durch das Leben mit ihrer "Tasse" – mental und emotional – bereits gefüllt mit Überzeugungen, Ängsten und Urteilen? Was passiert also, wenn wir versuchen, neue Erfahrungen und Erkenntnisse in einen Geist und ein Herz hinzuzufügen, die bereits voll sind?

Die Lektion hier ist klar: Um auf Ihrem Weg voranzukommen, müssen Sie zuerst Platz schaffen. Sie müssen Ihre mentale Tasse von Vorurteilen und Ihre emotionale Tasse von Ängsten und Erwartungen leeren.

Doch wie leert man eine so volle Tasse? Wie finden Sie den Mut, das, was Sie zu wissen und zu fühlen glauben, loszulassen, um die Ungewissheit dessen zu umarmen, was kommen könnte?

Die Antwort liegt vielleicht überraschenderweise genau in dem Moment, in dem Sie die Fülle Ihrer Tasse erkennen. Die Anerkennung ist der erste Schritt, um Platz zu schaffen. Und in dem Moment, in dem Sie Platz schaffen, werden Sie offen für neue Möglichkeiten. Stellen Sie sich vor, wie Ihr Leben aussehen könnte, wenn Sie jede Erfahrung als eine neue Gelegenheit zum Wachsen annehmen könnten, anstatt als ein Hindernis, das es zu überwinden oder ein Rätsel, das es zu lösen gilt.

Und wenn der Pfad zu Wachstum und Erleuchtung kein Labyrinth zum Entziffern, sondern eine Landschaft zum Erforschen wäre? Und wenn Sie, statt nach Antworten zu suchen, sich darauf konzentrieren würden, die richtigen Fragen zu stellen?

Das ist die tiefe Wahrheit, die die Geschichte des Meisters und Taros Ihnen bietet. Leeren Sie Ihre Tasse. Schaffen Sie Raum für das Neue, das Unbekannte, das Unvorhersehbare. Und in diesem Raum könnten Sie nicht nur Antworten entdecken, sondern auch neue Wege, die Fragen zu leben.

So wie die Geschichte mit dem Meister und Taro endet, die eine Tasse Tee genießen, lade ich Sie ein, einen Moment innezuhalten. Nehmen Sie einen tiefen Atemzug und fragen Sie sich: "Wie sieht meine Tasse gerade aus?" Und vor allem, "Bin ich bereit, sie zu leeren, um offen für das zu sein, was das Leben mir zu bieten hat?"

8.
Der Lichtstrahl im Wald:
Freude im Augenblick

Für den Zen-Meister war der Wald ein heiliges Heiligtum, ein Ort, wo jeder Baum eine Geschichte erzählte und jedes Blatt eine Lehre anbot. Doch an jenem Morgen bedeckte eine dichte Schicht grauer Wolken den Himmel und spiegelte die Stimmung des jungen Schülers wider, der ihn begleitete.

Kenji, der Schüler, war ein Mann, der in Gedanken und Zweifeln versunken war. Seine Schultern waren gebeugt, als trüge er das Gewicht der Welt. "Meister," begann er, die Worte schwer wie Steine, "wie kann ich Glück finden in einer Welt, die von Leid, Chaos und Ungewissheit überflutet ist?"

Bevor der Meister antworten konnte, öffnete sich der Himmel in einer außergewöhnlichen Geste. Ein einziger Sonnenstrahl, wie die Klinge eines Schwertes aus reinem Licht, schnitt durch den Schleier der Wolken und fiel auf die Erde herab. Und für einen Moment berührte dieser Strahl goldenen Lichts eine kleine violette Blume zu Füßen Kenjis, die im Unterholz leuchtete wie ein Juwel.

Der Zen-Meister lächelte und sagte: "Siehst du diesen Sonnenstrahl, wie er sich seinen Weg durch die Dunkelheit bahnt? Und diese einsame Blume, wie sie unter seiner Berührung erstrahlt? Glaubst du nicht, dass sie in ihrer Stille Freude in ihrer einfachen, reinen Existenz finden?"

Kenji betrachtete die Blume, deren Blütenblätter von Licht durchdrungen waren, und etwas in ihm löste sich auf. Es war, als hätte der Sonnenstrahl eine verborgene und dunkle Ecke seines Herzens erreicht und erleuchtet.

"Beobachten ohne zu urteilen und die Gegenwart so anzunehmen, wie sie ist – das ist der Schlüssel, um Freude in jedem Moment zu finden," fuhr der Meister fort, seine Stimme nun ein sanfter Faden der Weisheit in der frischen Luft des Waldes.

Zum ersten Mal an diesem Morgen fühlte sich Kenji leicht, als hätte der Sonnenstrahl nicht nur die Blume, sondern auch seine Seele erleuchtet. Mit einem Lächeln setzte er seinen Weg neben dem Meister fort, beide eingetaucht in jenen zerbrechlichen, aber ewigen Moment der Freude.

Reflexion

Sind Sie jemals mit der Last der Welt auf Ihren Schultern durch einen Wald gegangen?

Haben Sie sich jemals wie Kenji gefühlt, geplagt von Angst und Zweifel, verzweifelt auf der Suche nach einem Entkommen vor dem Leiden und der Ungewissheit, die Ihre Welt durchdringen?

Vielleicht haben Sie sich auch gefragt, wie Freude in einer so chaotischen Welt existieren kann?

In der Geschichte führt der Zen-Meister Kenji durch einen Wald, der zur Metapher für die Reise des Lebens wird. Beachten Sie, wie der Zen-Meister nicht über die Dunkelheit verzweifelt, die den Himmel bedeckt, sondern vielmehr darauf wartet, was der gegenwärtige Moment offenbaren wird. Als ein einzelner Sonnenstrahl die Wolkendecke durchbricht und eine Blume zu Füßen Kenjis erhellt, ergreift der Meister die Gelegenheit, eine lebenswichtige Lehre zu vermitteln: Der Schlüssel zur Findung von Freude liegt im urteilsfreien Beobachten und in der Annahme der Realität des gegenwärtigen Moments.

Wie oft haben Sie sich in Gedanken an das "Was wäre, wenn..." oder an das "Wenn ich nur hätte..." verloren?

Wie oft ließen Sie zu, dass die Wolken der Zweifel und Sorgen Ihre Sicht verdunkelten und verhinderten, dass Sie die Sonnenstrahlen und Blumen sehen, die im Hier und Jetzt existieren?

Der Zen-Meister zeigt uns, dass Freude nicht darin gefunden wird, das Leiden zu beseitigen oder Ereignisse zu kontrollieren, sondern jeden Moment so anzunehmen, wie er ist. Die Blume sorgt sich nicht um die Dunkelheit, die sie umgibt; sie existiert einfach, und in diesem Augenblick der reinen Existenz findet sie ihre Freude.

Die Annahme der Gegenwart, wie sie ist, bedeutet jedoch nicht Resignation oder Apathie. Vielmehr bedeutet es, offen für die unendlichen Möglichkeiten zu sein, die jeder Moment bietet. So wie ein einzelner Sonnenstrahl eine versteckte Blume im Unterholz verwandeln kann, so kann auch eine kleine Änderung in Ihrer Wahrnehmung verborgene und dunkle Teile Ihrer Seele erhellen.

Und wenn das Licht, das Sie suchen, nicht außerhalb, sondern in Ihnen ist?

Und wenn die Freude, die Ihnen so unerreichbar scheint, tatsächlich zum Greifen nah ist, nur darauf wartend, dass Sie sie bemerken?

Und wenn es ausreicht, vollkommen präsent, hier und jetzt zu sein, um Ihre ganze Welt zum Leuchten zu bringen?

Denken Sie darüber nach, während Sie auf Ihrem Weg fortschreiten, denn auch Sie, wie Kenji, können Freude im zerbrechlichen, aber ewigen gegenwärtigen Moment finden. Und es sind diese Momente, in denen wir erkennen, dass Leid und Freude keine getrennten Extreme sind, sondern Teile desselben, unendlichen Kreislaufs des Lebens. Und in dieser Erkenntnis können Sie einen Frieden finden, der jede äußere Umstände übersteigt, ein Licht, das unabhängig von den Wolken, die es umgeben mögen, leuchtet.

9.
Der Unendliche Fluss:
Bewusstsein = Kontinuierlicher Fluss

In einem abgelegenen Tal, wo der Nebel sich mit den Bäumen wie die Fäden eines alten Wandteppichs verwebte, wuchs ein junger Bambus. Neben ihm floss ein Fluss – der Ewige Fluss – eine Wasserströmung, von der man sagte, sie sei so alt wie die Zeit selbst. Geschichten und Legenden rankten sich um diesen Fluss; einige flüsterten, er enthalte den Schlüssel zur Unsterblichkeit, andere, er sei ein Durchgang zu unbekannten Welten.

Der Bambus war von diesem rätselhaften Fluss und seinen unergründlichen Geheimnissen fasziniert. Eines Tages, während der Vollmond das Tal mit einem ätherischen Licht erfüllte, hörte der Bambus eine Stimme. "Warum betrachtest du mich so intensiv, junger Bambus?" fragte der Ewige Fluss, seine Stimme einem uralten Gesang gleich.

Der Bambus zitterte vor Überraschung und Aufregung. "Oh, Großer Fluss, ich bin fasziniert von deinem unaufhörlichen Fluss. Wie schaffst du es, immer in Bewegung zu sein, ohne dich je zu verirren oder zu zögern?"

Der Fluss verlangsamte seine Strömung, als würde er meditieren. "Siehst du, Bambus, ich existiere nicht nur in dieser Wirklichkeit. Ich fließe durch Welten und Dimensionen, die du dir nicht einmal vorstellen kannst. Mein Geheimnis ist, den Wandel als das Gewebe meines Seins zu akzeptieren. Jedes Hindernis, jede neue Dimension wird Teil meines ewigen Flusses."

Der Bambus war sprachlos. Ihm wurde klar, dass seine Existenz nicht auf dieses abgelegene Tal beschränkt war. Seine Fasern konnten in Hunderte von Dingen verwandelt werden: eine Angelrute für einen alten Fischer, eine Flöte für einen jungen Musiker oder sogar einen Pinsel für einen Meister der Kalligraphie. Wie der Fluss hatte auch er das Potenzial, in vielfältigen Formen und Zwecken zu existieren, wenn er nur bereit wäre, den Wandel zu begrüßen.

"Ich bin dir zu Dank verpflichtet, Ewiger Fluss," sagte der Bambus. "Du hast mir gezeigt, dass Stärke nicht aus Widerstand, sondern aus Anpassungsfähigkeit kommt, aus der Fähigkeit, durch das Leben zu fließen, wie du durch die Ewigkeit fließt."

Der Fluss funkelte im Mondlicht, und für einen Moment schwor der Bambus, die Gesichter alter Weisen in seinen Wassern gespiegelt zu sehen. "Du hast gut verstanden, junger Bambus. Und wer kann schon sagen, welche Geheimnisse und Abenteuer dich im kontinuierlichen Fluss deiner Existenz erwarten?"

Von diesem Tag an war der junge Bambus nicht mehr derselbe. Er wuchs zwar zum Himmel, aber jetzt wusste er, dass seine wahre Kraft in seinem unbegrenzten Potenzial zur Verwandlung lag, inspiriert vom mysteriösen und unergründlichen Ewigen Fluss, der neben ihm floss.

Reflexion

Haben Sie sich jemals gefragt, welchen Platz Sie in der Welt haben, und was Ihr wahrer Zweck ist?

Haben Sie sich beim Lesen dieser Geschichte mit dem jungen Bambus identifiziert, fasziniert von den Geheimnissen und den unendlichen Möglichkeiten, die das Leben Ihnen bietet?

Die Geschichte des Bambus und des Ewigen Flusses ist ein fesselnder Aufruf an die fließende Natur unserer Existenz. Es ist eine Metapher, die Sie einlädt, über die scheinbaren Beschränkungen Ihres alltäglichen Lebens hinauszublicken und die vielfältigen Dimensionen des Seins zu erforschen. Haben Sie je darüber nachgedacht, wie sehr Veränderung und Bewegung ein intrinsischer Teil Ihres Lebens sind?

Wie der Ewige Fluss fließen auch Sie durch verschiedene Stadien, Herausforderungen und Möglichkeiten. Manchmal fühlen Sie sich vielleicht gefangen, begrenzt durch Umstände, die außerhalb Ihrer Kontrolle liegen. Aber wie oft halten Sie inne, um zu bedenken, dass jedes Hindernis ein Teil des Mosaiks Ihres Lebens ist und dass die Akzeptanz von Veränderung ein integraler Teil Ihres Weges ist?

Haben Sie sich jemals gefragt, was Sie werden könnten, wenn Sie den Wandel als einen Teil Ihres Seins akzeptieren, so wie der Ewige Fluss?

Der Bambus, nachdem er das Geheimnis des Flusses enthüllt, versteht, dass seine Stärke nicht aus dem Widerstand, sondern aus der Anpassungsfähigkeit kommt. Wenn Sie diese Lektion auf Ihr Leben anwenden könnten, welche neuen Horizonte könnten Sie erforschen?

Vielleicht könnten Sie wie der Bambus entdecken, dass Ihr Wert nicht festgelegt ist, sondern vielmehr ein unendliches Potenzial an Möglichkeiten hat.

Stellen Sie sich nun diese Übung vor: Visualisieren Sie Ihre Existenz als einen ständig fließenden Fluss.

Betrachten Sie die Hindernisse als Steine und Äste, die Ihren Lauf umleiten.

Statt anzuhalten, fließen Sie um sie herum.

Erkennen Sie, dass jede Abweichung, jede Entscheidung, jede Erfahrung Teil von Ihnen ist, Fäden, die Ihren ewigen Fluss weben.

Wie fühlen Sie sich jetzt?

Leichter?

Offener für die Möglichkeiten, die auf Ihrem Weg warten?

Und was werden Sie heute unternehmen, um die Fließfähigkeit Ihres Seins zu umarmen?

Denken Sie daran, das Leben ist ein kontinuierlicher Fluss von Erfahrungen, ein ewiger Tanz zwischen Form und Leere, ein ununterbrochener Zyklus von Wachstum und Verwandlung. Wie der junge Bambus neben dem Ewigen Fluss haben auch Sie die Kraft, außerordentlich anpassungsfähig zu sein, den unaufhaltsamen Fluss des Lebens mit Offenheit und Staunen zu begrüßen.

Sehen Sie sich nun die Welt um sich herum an. Können Sie Ihre Probleme, Ihre Freuden, Ihre Träume als Teile Ihres persönlichen Flusses erkennen?

Haben Sie verstanden, wie der Bambus, dass Ihre Stärke in Ihrer Fähigkeit liegt, durch das Leben zu fließen?

Und wer kann schon sagen, welche Geheimnisse und Abenteuer Sie im kontinuierlichen Fluss Ihrer Existenz erwarten?

Nun, da Sie einen Einblick in die Philosophie des Bambus und des Ewigen Flusses erhalten haben, liegt der nächste Schritt in Ihren Händen. Seien Sie wie der Bambus: flexibel, widerstandsfähig und immer bereit, das Neue zu begrüßen. Seien Sie wie der Fluss: beständig in Ihrem Fließen, unermüdlich in Ihrer Suche. Das Universum ist ein Feld unendlicher Möglichkeiten, und Sie sind der Sämann Ihrer Träume. Nehmen Sie sich einen Moment, um zu atmen, zu fühlen und zu sein. Dann, mit offenem Herzen und freiem Geist, beginnen Sie das nächste Kapitel Ihrer Existenz zu schreiben. Die Reise hat gerade erst begonnen, und der Weg vor Ihnen ist reich an Möglichkeiten und Wundern.

10.
Der Stein auf dem Pfad:
Hindernisse als Chancen ansehen

In den kalten und abgeschiedenen Tälern des Berges Serenität wanderte ein junger Mönch namens Dogen auf einem Pfad, der nur von Wildtieren und einigen wenigen Weisheitssuchenden betreten wurde, die mutig genug waren, sich so hoch hinaus zu wagen. Es war ein früher Frühlingstag, und die Sonnenstrahlen tanzten durch die Äste der Bäume und schufen ein Mosaik aus Licht und Schatten auf dem Boden. Dogen war in seinen Gedanken versunken, sinnierte über die Lehren seines Meisters zur Kunst der Präsenz.

Ohne Vorwarnung stolperte sein rechter Fuß über einen großen Stein, versteckt unter einem Teppich aus trockenen Blättern. Mit einem gedämpften Schrei verlor er das Gleichgewicht und fiel zu Boden, wobei er eine Wolke aus Staub und Trümmern um sich herum aufwirbelte. Während er sich erhob und die Erde von seinem safranfarbenen Gewand schüttelte, überkam ihn eine Welle der Frustration. "Warum muss dieser Stein gerade hier sein?", dachte er.

Im nächsten Moment durchzog eine andere Idee seinen Kopf: "Ich könnte diesen Stein wegbewegen und so zukünftige Stürze verhindern. Es könnte eine freundliche Geste für die Reisenden sein, die nach mir kommen werden." Doch als er dies tun wollte, hielt er inne. "Warte", dachte er, "dieser Stein war für mich ein Hindernis, aber auch ein Lehrer. Er erinnerte mich an die Notwendigkeit, präsent zu sein, darauf zu achten, wohin ich meine Füße setze. Außerdem bot er mir die Gelegenheit, meine Geduld und Selbstkontrolle zu üben."

Sein Geist öffnete sich wie eine Blume am Morgen. "Ich werde diesen Stein lassen, wo er ist. Nicht als Hindernis, sondern als Geschenk. Ein Geschenk, das anderen die gleichen Lektionen lehren kann, die ich heute gelernt habe. Jeder, der darüber stolpert, wird eine neue Wachstumschance haben, einen Moment, in dem er wählen kann, wie er die Hindernisse des Lebens angeht."

Dogen ging weiter, das Herz leicht und der Geist friedvoll, im Bewusstsein, dass der Stein weiterhin ein stummer, aber mächtiger Lehrer für jeden sein würde, der in Zukunft diesen Weg gehen würde.

Er wusste nicht, dass dieser Stein in den kommenden Jahren zu einer Art Reliquie werden würde, von der in den Geschichten und Liedern der Mönche des Berges Serenität erzählt würde, als ewiges Symbol dafür, wie Hindernisse in Chancen für Wachstum und inneres Verständnis verwandelt werden können.

In jedem von uns gibt es einen ähnlichen Pfad, gesäumt von unzähligen 'Steinen'. Einige sind klein und leicht zu überwinden, andere scheinen unüberwindbar. Aber wie Dogen uns lehrt, bestimmt unsere Reaktion auf diese Hindernisse ihre wahre Bedeutung. Wir können wählen, sie als einfache Störungen auf unserem Weg zu sehen, oder als Gelegenheiten, unser Verständnis zu erweitern und unsere Widerstandsfähigkeit zu stärken. Die Entscheidung liegt, wie immer, in unseren Händen.

Reflexion

Die Geschichte des jungen Mönchs Dogen und seiner erleuchtenden Begegnung mit einem einfachen Stein auf dem Pfad des Lebens.

Was suggeriert Ihnen diese Geschichte?

Betrachten Sie Ihren inneren Pfad und fragen Sie sich: Wie viele 'Steine' sind Ihnen auf Ihrem Weg begegnet? Sind es Hindernisse, die Sie aufhalten, oder sehen Sie sie als Gelegenheiten, zu lernen, zu wachsen und sich zu verwandeln?

In Ihrem täglichen Leben stolpern Sie über 'Steine' in Form von persönlichen Herausforderungen, Konflikten, Problemen bei der Arbeit oder Schwierigkeiten in Beziehungen. Und was tun Sie dann? Entfernen Sie sie, umgehen Sie sie oder nutzen Sie sie als Gelegenheit, präsenter, geduldiger, bewusster zu werden?

Denken Sie an den Moment, in dem Dogen im Begriff ist, den Stein zu bewegen. In diesem kurzen Augenblick ändert sich seine Sichtweise. Es geht nicht mehr darum, ein Hindernis von seinem Weg zu räumen, sondern um das Verständnis der Lektion, die dieses besondere Hindernis zu bieten hat.

Und Sie?

Wie oft haben Sie innegehalten, um zu überlegen, ob Ihr Hindernis nicht vielleicht ein Lehrer sein könnte?

Im Zen-Denken liegt der Schwerpunkt immer auf dem gegenwärtigen Moment.

Jeder einzelne Augenblick ist ein Kreuzungspunkt unendlicher Möglichkeiten.

Als Dogen beschließt, den Stein liegen zu lassen, übt er die Kunst der Akzeptanz, des Loslassens. Er baut eine Beziehung zu dem Stein auf, sieht über seine raue Oberfläche hinaus und erkennt die potenzielle Weisheit, die er bieten kann.

Und wir? Wie viel Weisheit übersehen wir in der Hektik unseres täglichen Lebens?

Dogen lässt den Stein auf dem Pfad als ein Geschenk für die zukünftigen Reisenden. Hier liegt eine weitere Schicht des Verständnisses: das Bewusstsein, dass seine Erfahrung anderen dienen könnte. Was wäre, wenn Sie angesichts Ihrer Hindernisse nicht nur darüber nachdenken würden, was sie Ihnen lehren können, sondern auch, wie Ihre Interaktion mit ihnen anderen zugutekommen könnte?

Der Stein wird zu einer Reliquie, zu einem Symbol für die verborgenen Chancen in jedem Hindernis. Diese Geschichte ist nicht nur eine äußere Reise, sondern vor allem ein innerer Weg, den jeder von uns beschreiten kann. Jeder Stein auf Ihrem Pfad ist eine Chance. Eine Gelegenheit, innezuhalten, zu reflektieren, zu wachsen. Eine Gelegenheit, Ihre Weltsicht zu verändern, Ihre Reaktion auf die Schwierigkeiten des Lebens umzuwandeln.

So, wie Sie weiter auf dem Pfad Ihrer Existenz wandern, lade ich Sie ein, jeden Stein nicht als bloßes Hindernis, sondern als Herausforderung anzunehmen, ein Mysterium zu erforschen, einem Lehrer zuzuhören.

Die Wahl liegt, wie immer, bei Ihnen.

Wählen Sie weise, und vielleicht werden auch Sie eines Tages ein Stein der Weisheit auf dem Pfad eines anderen sein.

11.
Wellenfreier See:
Die Tiefen des Bewusstseins

Verborgen zwischen majestätischen Gipfeln und üppigen Wäldern, lag ein Bergsee mit so klaren Gewässern, dass er zeitlos zu sein schien. An seinem Ufer lebte Meister Kaito, ein alter Zen-Meister, dessen Gesicht von den Falten der Zeit und den Andeutungen eines ewigen Lächelns gezeichnet war. In seinen Händen schienen die Falten eine uralte Weisheit zu kanalisieren, wie die Wasserwege am Grund des Sees.

An einem Herbsttag, als die Sonne ihre letzten Grüße an die Welt schickte und den Himmel in Rosa und Orange färbte, kam ein junger Schüler namens Haru aus der Ferne an. Er hatte tiefe Täler und unwegsame Bergkämme überquert, geleitet von dem Wunsch, Antworten auf die Qualen seiner Seele zu finden.

"Komm, Haru", begrüßte ihn Meister Kaito, seine Stimme so tief wie ein Echo, das sich zwischen den Bergen verlor. Gemeinsam gingen sie zum See, der Boden bedeckt mit knackigen Herbstblättern unter ihren Füßen.

"Beobachte das Wasser und sage mir, was siehst du?" fragte Meister Kaito, während er mit einem knorrigen Finger auf die riesige Wasserfläche vor ihnen deutete.

"Ich sehe einen stillen Wasserspiegel, ohne Wellen oder Kräuselungen", antwortete Haru, fasziniert von der glasartigen Oberfläche.

Mit einem leichten Lächeln fuhr der Meister fort: "Dieser See ist ein perfektes Emblem für reines Bewusstsein: tief und unveränderlich. Wenn dein Geist klar ist, kannst du nicht nur die Oberfläche sehen, sondern auch das, was in der Tiefe liegt. So wie unter dieser ruhigen

Oberfläche eine ganze Welt existiert: glatte Steine, tanzende Fische, Algen, die wie lebendige Aquarelle flattern."

Haru hörte fasziniert zu.

Meister Kaito fuhr fort: "Im Trubel des täglichen Lebens sind wir oft wie auf dem Wasser treibende Blätter, hin und her gestoßen von Strömungen der Gedanken, Gefühle und Umstände. Aber unter dieser aufgewühlten Oberfläche, unter diesen umhergeworfenen Blättern, gibt es einen Abgrund der Ruhe und des Bewusstseins."

Der Meister hielt inne und sah Haru direkt in die Augen.

"Erinnere dich, junger Haru, jedes Mal, wenn das Leben dir Turbulenzen bietet, kannst du dich immer in diese innere Tiefe zurückziehen. Es ist keine Flucht, sondern eine Zuflucht. Es ist eine unerschöpfliche Quelle der Weisheit, Liebe und Gelassenheit."

Haru nickte, sein Herz überflutet von Dankbarkeit, während seine Augen leicht feucht wurden. Es fühlte sich an, als wäre ein schwerer Stein von seiner Brust gehoben worden, Platz machend für ein Gefühl von Leichtigkeit und Freiheit.

Von diesem Moment an bemühte sich Haru, diese innere Tiefe zu erforschen, die Kunst zu erlernen, unter die stürmische und aufgewühlte Oberfläche seiner Gedanken einzutauchen.

Reflexion

Ist Ihnen jemals passiert, dass Sie in einem Meer von Gedanken versunken sind, so gefangen im Strudel Ihrer Emotionen, dass Sie vergessen haben, dass es einen Ort der Stille in Ihnen gibt?

Und wenn ich Ihnen sage, dass Sie, genau wie Haru, auch Zugang zu einem inneren See haben, ein klares und tiefes Gewässer, das Ihnen Zuflucht in Momenten des Chaos bieten kann?

Die Geschichte von Meister Kaito und seinem Bergsee ist eine mächtige Metapher für das tiefe Bewusstsein, das in jedem von uns wohnt.

Haben Sie sich je gefragt, warum manche Menschen inmitten des Sturms des Lebens eine scheinbar unergründliche Ruhe bewahren können?

Die Antwort liegt in dieser Tiefe. Es geht nicht um Apathie oder Entfremdung, sondern um einen lebhaften Zustand der Gegenwart, der es einem ermöglicht, über den oberflächlichen Tumult hinauszusehen.

Dennoch ist das Erreichen dieses Bewusstseins keine Reise, die an einem Tag gemacht wird. Wie Haru müssen Sie vielleicht "tiefe Täler und unwegsame Bergkämme" überqueren, um Ihren inneren Meister Kaito zu finden.

Haben Sie jemals in Betracht gezogen, dass die Herausforderungen des Lebens Sie tatsächlich auf diese tiefe Entdeckung vorbereiten könnten?

Manchmal sind Hindernisse da, um uns dazu zu drängen, neue Wege zu suchen, Wege, die uns direkt zu den Antworten führen, die wir suchen.

Es ist ein überraschend einfaches Konzept, erfordert aber Übung: Wie können Sie erwarten, klar zu sehen, wenn die Oberfläche Ihres inneren Sees immer aufgewühlt ist?

Meditation, Gebet oder einfach ein paar Minuten Stille können Wunder wirken, um diese Gewässer zu beruhigen.

Haben Sie jemals versucht, jeden Tag Zeit zu widmen, um diesen Zustand der Ruhe zu kultivieren?

Wenn Sie das noch nicht getan haben, könnte jetzt der perfekte Moment sein, damit zu beginnen.

Und vergessen Sie nicht, dass dieser innere See eine unerschöpfliche Quelle nicht nur der Gelassenheit, sondern auch der Weisheit und Liebe ist.

Wenn Sie vor einer schwierigen Entscheidung stehen oder sich in einer stressigen Situation befinden, haben Sie jemals daran gedacht, in diese tiefen Gewässer einzutauchen, um nach Führung zu suchen?

Manchmal sind die Antworten, die wir suchen, bereits in uns, nur darauf wartend, entdeckt zu werden.

Wie Meister Kaito Haru gezeigt hat, ist der wellenlose See nicht nur ein Symbol für Bewusstsein, sondern auch für ein tiefes Verständnis der menschlichen Natur und des Lebens selbst.

Also, das nächste Mal, wenn Sie vom Tumult überwältigt sind, fragen Sie sich: Warum nehmen Sie nicht einen Moment, um Ihren inneren See zu besuchen?

Sie könnten nicht nur einen Moment des Friedens entdecken, sondern auch eine neue Dimension Ihrer selbst.

II
Auto-Reflexion

Der Spiegel der Seele

12.
Der Wald und der Baum:
Identität und Ego

In der Tiefe eines alten Waldes, einer Zuflucht für das Wissen der Zeiten und die Vitalität der Natur, lebte ein Zen-Gärtner namens Takashi. Jeder Baum, jede Pflanze, jede Blüte war ein offenes Buch von Lektionen und Betrachtungen.

Jedoch stand im Zentrum des Waldes ein Baum, der ein wahrer Augenschmaus war: hoch und majestätisch, mit Blättern eines leuchtenden Grüns, die das Sonnenlicht wie funkelnde Juwelen reflektierten. Es war ein Baum, der alles zu haben schien, und doch litt er unter einer unergründlichen Unruhe.

Eines Tages kam ein junger Wanderer namens Kaito, beladen mit einem Rucksack voller Fragen und einem Herzen voller Wunder, in den Wald. Vom Wissen des Gärtners angezogen, bahnte er sich seinen Weg durch das Laub und die Pfade, bis er Takashi fand, der in seiner morgendlichen Meditation vertieft war.

"Entschuldigt die Störung, Meister", sagte Kaito, "aber ich kann nicht umhin, den Baum in der Mitte des Waldes zu bemerken. Er ist prächtig und doch scheint er... unruhig. Wie kann ein so schönes Wesen in einem Zustand der Beunruhigung leben?"

Takashi öffnete die Augen, und ein verspieltes Lächeln umspielte seine Lippen. "Ah, mein Freund", antwortete er, "du bist in den Wald eingetreten, aber hast nur den Baum gesehen. Komm mit mir."

Von Takashi geführt, näherte sich Kaito dem Baum und umarmte ihn, spürte die Rauheit seiner Rinde und die Vitalität seiner Blätter. "Jetzt", sagte Takashi, "schließe die Augen und höre zu. Höre auf den Wald."

Und so tat Kaito es. Zuerst hörte er nur den Baum, aber allmählich erweiterte sich seine Wahrnehmung, und er wurde sich des gesamten Waldes um ihn herum bewusst. Er hörte den Gesang der Vögel, das Rascheln der Blätter, das Geräusch des Windes, der jede Lebensform streichelte. Er fühlte in jenem Moment, wie Baum und Wald sich zu einer einzigen, ewigen Entität vereinten.

"Verstehst du jetzt?" sagte Takashi, als er die Stille durchbrach. "Dieser Baum ist außergewöhnlich, aber seine Schönheit wird durch die Anwesenheit des Waldes verstärkt. Er leidet, weil er vergessen hat, dass er Teil von etwas Größerem, etwas Ewigem ist. Es ist wie bei uns: Wenn wir uns zu sehr mit unserem Ego identifizieren, fühlen wir uns getrennt, aber wenn wir unsere Verbindung mit dem Ganzen erkennen, finden wir tiefen Frieden."

Kaito öffnete die Augen, sein Herz überquoll vor Dankbarkeit und sein Geist war einer neuen Erkenntnis offen. "Danke, Meister", sagte er, "danke, dass ihr mir nicht nur den Baum, sondern auch den Wald gezeigt habt."

"Es war mir ein Vergnügen, junger Kaito", antwortete Takashi. "Erinnere dich, der Wald und der Baum sind eins. Und du, wie wir alle, bist Teil dieses großartigen Tanzes des Lebens."

Reflexion

Haben Sie sich jemals ähnlich wie der Baum im Zentrum des Waldes gefühlt: schön und majestätisch in den Augen der Welt, und doch innerlich geplagt von einer unergründlichen Unruhe?

Haben Sie jemals unter einem Gefühl der Isolation gelitten, trotz der scheinbaren Segnungen des Lebens?

Die Geschichte von Takashi und Kaito könnte Ihre Geschichte sein, die symbolische Darstellung einer inneren Reise, die wir alle antreten.

Wie oft haben Sie sich in der Suche nach sich selbst verloren, indem Sie Ihre Aufmerksamkeit auf einen einzigen Aspekt Ihres Lebens fokussiert haben und das Gesamtbild vernachlässigt haben?

Identifizieren Sie sich so sehr mit Ihrer Rolle, Ihren Bestrebungen, Ihren Erfolgen oder Ihren Misserfolgen, dass Sie vergessen, dass Sie Teil eines größeren Bildes sind?

Takashi, der Zen-Gärtner, erinnert uns sanft daran, dass eine übermäßige Identifikation mit dem Ego Leiden erzeugen kann. Ihr Ego ist wie jener Baum: schön und beeindruckend, aber begrenzt in seiner Fähigkeit, die Komplexität und die Vernetzung Ihrer Existenz darzustellen.

Hören Sie jemals auf den 'Wald' um sich herum?

Haben Sie jemals versucht, die Augen zu schließen, um das Leben um sich herum zu spüren, jenes Leben, dessen integraler Teil Sie sind?

Als Kaito die Augen schließt und zuhört, beginnt er nicht nur den Baum, sondern den ganzen Wald zu hören. So findet er ein neues Verständnis, das seinen Weg erleuchtet. Ähnlich, wenn Sie erkennen, dass Sie Teil eines Ganzen sind, erweitert sich Ihre Perspektive. Ihre Probleme behalten zwar ihre Wichtigkeit, finden aber eine andere, weniger belastende Einordnung.

Haben Sie jemals in Betracht gezogen, dass Hindernisse zu Wachstumschancen werden können?

Die Unruhe des Baumes ist ein Ruf zum Zuhören, eine Einladung, Ihre eigene Verbindung zum Wald, zum Universum, zu erkennen.

Es ist eine Gelegenheit, von der begrenzten Identität des Egos zur unbegrenzten Identität des Selbst überzugehen, von einem Gefühl der Trennung zu einem der Verbindung und Einheit.

Und wie finden Sie Ihre Verbindung zum Ganzen wieder?

Wie überwinden Sie die Barriere zwischen der Identifikation mit dem Ego und dem tieferen Verständnis Ihrer selbst?

Erinnern Sie sich, Weisheit ist wie ein Wald, und jede Lektion ist wie ein Baum. Einige Bäume werden leichter zu bemerken sein, andere bleiben verborgen, bis Sie tiefer eindringen.

Die Geschichte von Takashi und Kaito ist eine Einladung, genau das zu tun: in die Tiefe des Waldes Ihres Seins einzudringen, jeden Baum anzuerkennen und zu ehren, ohne die Schönheit und Weisheit des gesamten Waldes zu vergessen.

Denn letztendlich sind Sie und der Wald eins, Teil dieses herrlichen Tanzes des Lebens.

Sind Sie also bereit, nicht nur die Bäume zu sehen, sondern auch den Wald?

13.
Die verlassene Insel:
Das wahre Selbst kommt zum Vorschein

In einem Küstendorf, wo die Häuser in Pastellfarben gestrichen waren und die Fischer ihre Lieder des Meeres sangen, lebte ein alter Zen-Meister, bekannt für seine tiefe Weisheit. Er wohnte in einer bescheidenen Hütte nahe der Küste, wo man sagte, das Meer spräche zu ihm.

Eines Herbsttages, als der Wind das Versprechen des Winters trug, kam eine junge Frau mit haselnussbraunen Augen, voller Fragen und Unsicherheiten, in das Dorf. Sie war über Berge und Täler gereist, geführt von Geschichten über die Weisheit des Meisters.

„Meister, ich fühle, als würde ich in Verwirrung und Ungewissheit ertrinken. Können Sie mir helfen, mich selbst zu finden?" Ihre Worte kamen in einem Strom der Verzweiflung.

Der Meister blickte sie an, als könnte er durch ihre Haut, durch ihre Adern direkt in ihr unruhiges Herz sehen. „Folgen Sie mir", sagte er nur.

Sie gingen schweigend entlang der von Meeresschaum benetzten Küste, bis sie zu einem kleinen Boot gelangten, das zerbrechlich aussah, aber solide gebaut war. Der Meister navigierte das Boot geschickt in offene Gewässer. Der Himmel über ihnen schien grenzenlos und unendlich, wie das Meer darunter.

„Da ist eine kleine Insel, ein Fleck Erde in der Weite", sagte der Meister und deutete auf ein kleines Stück Land, das wie eine Fata Morgana am Horizont auftauchte.

Das Boot erreichte die Insel und der Meister sagte: „Leben Sie hier für eine Woche. Sie werden allein sein, ohne Ablenkungen. Es ist eine Gelegenheit herauszufinden, wer Sie wirklich sind. Diese Insel, in ihrer Einfachheit, ist ein Spiegel Ihres inneren Wesens. Ohne die Ablenkungen der Außenwelt können Sie die leise Stimme Ihres wahren Selbst hören."

Eine Woche später kehrte das Boot des Meisters zurück, um an der Insel anzulegen. Die junge Frau, die an Bord stieg, war verwandelt. Ihre Augen waren nicht mehr getrübt; sie leuchteten wie Sterne.

„Wie fühlen Sie sich?" fragte der Meister.

„Ich fühle mich, als wäre ich wiedergeboren. Ich habe entdeckt, dass mein wahres Selbst unter einem Gewicht aus Ängsten, sozialen Erwartungen und Selbstkritik verborgen war", sagte sie, ihre Stimme vibrierend vor Entdeckung und Akzeptanz.

Der Meister nickte, sein Gesicht umrahmt von einem friedlichen Lächeln. „Jeder von uns hat eine verlassene Insel in sich, einen Zufluchtsort, wo unser wahres Selbst zum Vorschein kommen kann. Sie müssen nicht weit reisen, um sich selbst zu finden; manchmal ist die größte Distanz die zwischen Kopf und Herz."

Zurück im Dorf umarmte die junge Frau den Meister. „Jetzt, wo ich mein wahres Selbst gefunden habe, scheint die Außenwelt ein anderer Ort zu sein, als sähe ich sie durch neue Augen."

„So ist es", sagte der Meister, „Ihre innere Insel hat Ihnen eine neue Linse geschenkt, durch die Sie die Welt sehen können. Ihr innerer Kompass wurde justiert. Folgen Sie ihm, und Sie werden sich niemals verirren."

Reflexion

Haben Sie jemals den Drang verspürt, sich von der Außenwelt zu isolieren, die Komplikationen des modernen Lebens hinter sich zu lassen, um herauszufinden, wer Sie wirklich sind?

Wenn die Antwort ja ist, könnte die Geschichte der verlassenen Insel tief in Ihnen widerhallen.

Die junge Frau in der Geschichte befindet sich in einer Identitätskrise, einem Wirbel aus Verwirrung und widersprüchlichen Emotionen.

Haben Sie sich jemals so gefühlt, als ob trotz all Ihrer Errungenschaften ein entscheidendes Element fehlt, das Sie nicht identifizieren können?

Die Frau fühlt sich verloren und wendet sich an den Zen-Meister, um Antworten zu finden. Doch wie so oft in der Zen-Praxis liegt die Antwort nicht in den Worten, sondern in der Erfahrung.

Der Zen-Meister führt sie zu einer kleinen Insel, wo sie sich mit ihrer wahren Natur konfrontiert sieht, fernab von den Ablenkungen und Urteilen der Außenwelt.

Haben Sie sich jemals ähnlich zurückgezogen, auch metaphorisch, um in Kontakt mit sich selbst zu kommen?

Der Rückzug aus der Hektik der Welt ist eine alte Praxis, die seit Jahrhunderten als Mittel zur Entdeckung des wahren Selbst genutzt wird.

Und Sie, was würden Sie tun, wenn Sie auf einer verlassenen Insel gelassen würden, nur mit sich selbst und Ihren Gedanken?

Wie lange würde es dauern, die Masken abzulegen, die Sie tragen, sich von den Erwartungen anderer und Ihren eigenen Selbstauflagen zu befreien?

Und welche Version von sich selbst würde aus dieser Reinigung hervorgehen?

Nach einer Woche auf der Insel kehrt die junge Frau verwandelt zurück. Sie hat ihren inneren Kompass wiedergefunden, nun präzise justiert. Sie hat sich von der Vielzahl der Rollen, Erwartungen und Drücke getrennt, die die Gesellschaft auflegt, und hat eine Art von Klarheit gefunden, die nur die Isolation ihr gewähren konnte.

Haben Sie jemals eine solche Befreiung, eine solche Klarheit erlebt, auch nur für einen kurzen Moment? Wenn ja, wissen Sie, wie wertvoll das ist.

Der Zen-Meister weist darauf hin, dass jeder von uns eine verlassene Insel in sich trägt, einen stillen Ort, an dem unser wahres Selbst zum Vorschein kommen kann.

Und Sie, haben Sie Ihre innere Insel gefunden? Ist Ihr Kompass justiert, um Sie zu Ihrer tiefsten Wahrheit zu führen?

Diese Geschichte lädt uns ein, zu betrachten, dass manchmal das größte Abenteuer keine Reise in die Außenwelt ist, sondern eine Reise in unser Inneres. Es kann beängstigend sein, ja, aber auch befreiend.

Denn wenn wir uns selbst nicht gründlich kennen, wie können wir hoffen, auf dem weiten Ozean des Lebens zu navigieren?

So, mit dem inneren Kompass in der Hand, frage ich Sie: Sind Sie bereit, Ihre verlassene Insel zu entdecken?

14.
Der Stein und der Fluss:
Veränderung und Akzeptanz

In einem Dorf, tief im Herzen einer nepalesischen Landschaft, wo Kirschbäume anmutig blühten und Bäche sanft zwischen den Steinen fließt, lebte ein alter Zen-Meister namens Yuto. Er war nicht nur für seine Weisheit bekannt, sondern auch für seinen durchdringenden Blick, der scheinbar in die Seelen der Menschen lesen konnte.

Kenji, ein junger Schüler mit unruhigen Augen und schweren Schultern, fand eines Herbstmorgens den Mut, an die Tür des Meisters zu klopfen. Seine Schritte waren schwer, als ob er das Gewicht der Welt trug.

"Meister, ich befinde mich in einem emotionalen Labyrinth. Ich finde keinen Frieden im ständigen Wandel des Lebens. Ich fühle mich wie ein Stein in einem reißenden Fluss", gestand Kenji mit einer von Angst geprägten Stimme.

Yuto, der die Tiefe des Unbehagens im Jungen spürte, legte seine Teetasse behutsam ab und sagte: "Komm, Kenji. Die Natur hat viel zu lehren, wenn wir nur lernen, zuzuhören."

Mit bedachten Schritten gingen sie durch die gepflasterten Straßen und blumigen Pfade des Dorfes, bis sie zum Bett eines Flusses gelangten. Es war ein Ort, an dem das Wasser um die Steine tanzte und ein ständig wechselndes Mosaik schuf.

Yuto beugte sich hinunter und hob einen flachen, glatten Stein auf. Er legte ihn behutsam ins Wasser und sagte: "Beobachte, nicht nur mit den Augen, sondern auch mit dem Herzen."

Kenji betrachtete den Stein. Er sah, wie das Wasser sich anpasste, floss und um die solide Masse herumwirbelte. " Fällt dir auf, wie das Wasser den Stein nicht bekämpft, sondern ihn in seinen Fluss aufnimmt? Und der Stein versucht nicht, den Lauf des Wassers zu ändern, sondern lässt sich von ihm küssen und formen."

Ein Anflug von Verständnis überquerte Kenjis Gesicht. "Ja, Meister. Der Stein bleibt in seinem Wesen unverändert, aber das Wasser gewährt ihm das Geschenk der Veränderung, es schleift ihn, ohne ihn je zu verkleinern."

"Genau," bestätigte Yuto, seine Augen funkelten wie Sterne in der Dämmerung. "Wir müssen lernen, sowohl Stein als auch Wasser zu sein: der Stein, verwurzelt in unserer wahren Natur, und das Wasser, bereit, Veränderung mit Offenheit und Anmut zu umarmen."

Dann, mit fast poetischem Tonfall, fuhr Yuto fort: "Wenn der Wind des Wandels weht, bauen wir keine Mauern; wir bauen Windmühlen. Umarme den Wandel, sowie der Fluss jeden Stein und jedes gefallene Blatt umarmt. Und in diesem ewigen Tanz wirst du deinen Frieden finden.

Reflexion

Haben Sie sich jemals wie ein Stein in einem reißenden Fluss gefühlt, hin- und hergeworfen von den Wassern des Wandels und der Unsicherheit?

Wie oft haben Sie versucht, diesen Wassern zu widerstehen und sie zu kontrollieren, nur um festzustellen, dass sie Ihnen doch entgleiten?

Diese Zen-Geschichte bietet uns eine erfrischende Perspektive darauf, wie wir Veränderung und Akzeptanz in unserem Leben umarmen können.

Vielleicht ist es an der Zeit, sich zu fragen: Bin ich mehr wie der Stein oder das Wasser?

Der Stein repräsentiert unser tiefstes Wesen, unsere Werte und fest verwurzelten Überzeugungen. Es ist der Teil von uns, der konstant bleibt, trotz der Herausforderungen und Stürme, die das Leben mit sich bringt.

Aber ist es wirklich nützlich, nur ein Stein zu sein, unbeweglich und starr?

Andererseits symbolisiert das Wasser Wandel, Flexibilität und Anpassungsfähigkeit. Es fließt frei, passt sich den Formen und Hindernissen an, die es auf seinem Weg findet. Es ist fähig, den Stein zu umarmen, ohne zu versuchen, ihn zu verändern, aber indem es seine Spuren darauf hinterlässt.

Meister Yuto zeigt uns, dass wir nicht zwischen Stein oder Wasser wählen müssen. Wir können beides sein.

Haben Sie sich jemals vorgestellt, wie Ihr Leben aussehen würde, wenn Sie Ihren Werten treu bleiben könnten, während Sie gleichzeitig flexibel genug sind, um sich den unvermeidlichen Veränderungen anzupassen?

Welche Art von Frieden könnten Sie in sich entdecken, wenn Sie akzeptieren, auch nur ein wenig, von den Wassern des Lebens geformt zu werden?

Wenn Sie eine Zeit des Wandels durchmachen, fragen Sie sich jemals, welche Lektion es zu lernen gibt?

Jede Welle, die auf Ihren „inneren Stein" trifft, ist eine Chance zum Wachsen, eine Gelegenheit, eine geschliffenere Version von sich selbst zu werden.

Ist das nicht der harmonische Bund zwischen der Beständigkeit des Steins und der Fluidität des Flusses?

Und wie Yuto uns nahelegt, könnten wir uns auch fragen: Wenn der Wind des Wandels weht, errichte ich Mauern oder baue ich Windmühlen?

Wir entscheiden, ob wir die Unvorhersehbarkeiten des Lebens als Stürme sehen, die gefürchtet werden müssen, oder als Winde, die wir reiten können. Veränderung ist kein Feind, den es zu bekämpfen gilt, sondern ein Verbündeter, der uns einlädt, neue Horizonte unserer Existenz zu erkunden.

Denken Sie daran, der Stein und der Fluss sind nicht im Konflikt; sie leben in Symbiose. Und in dieser Symbiose finden beide eine Existenzweise, die sowohl schön als auch bedeutungsvoll ist.

Und wenn Sie diesen Zustand inneren Gleichgewichts erreichen würden, wie würde das Ihr Leben beeinflussen?

Wie könnte Ihr Leben fließen, wenn Sie sich erlaubten, sowohl Stein als auch Wasser zu sein?

15.
Die Sonne und der Mond:
Schatten und Licht des Selbst

Im Herzen eines alten Dorfes, wo die Häuser aus Stein gebaut waren und die Pfade sich wie alte Narben über die Erde schlängelten, lebte Hiroshi, ein Zen-Meister, dessen Weisheit allen bekannt war. Auch wenn die Jahreszeiten wechselten und die Welt um ihn herum sich wandelte, blieb Hiroshi wie ein Fels in der Brandung eines stürmischen Flusses. Diese Gabe der inneren Balance zog viele Schüler an, darunter Yumi, eine junge Frau mit Augen voller Fragen.

Eines Abends, als die Sonne dem Zwielicht Platz machte und das erste Mondlicht am Himmel erschien, klopfte Yumi zögerlich an die Tür des Meisters. „Meister Hiroshi, darf ich mit Ihnen sprechen? Ich bin beunruhigt", sagte sie, ihre Hände nervös am Saum ihres Kimonos nestelnd.

„Natürlich, Yumi. Bitte, komm herein", antwortete Hiroshi mit einem beruhigenden Lächeln und hieß sie in seinem schlichten, aber einladenden Tempel willkommen. Dann, mit ruhiger und liebevoller Stimme, sagte er: „Erzähle mir, was beunruhigt deinen Geist?"

„Meister, ich kämpfe ständig innerlich. Ich liebe einige Teile von mir, aber es gibt andere, die ich verabscheue. Wie kann ich in Frieden leben, wenn ich mich so gespalten fühle?"

Hiroshi nickte verständnisvoll und lud sie ein, ihm hinaus unter den sternenübersäten Himmel zu folgen. „Schau in den Himmel, Yumi. Was siehst du?"

„Ich sehe die untergehende Sonne und den aufgehenden Mond, Meister."

„Genau", sagte Hiroshi. „Einst hatten die Sonne und der Mond ein Gespräch. Die Sonne war voller Stolz. ‚Sieh, wie hell und mächtig ich bin', rief sie aus. ‚Ich bringe Leben und Wärme zu allem, was ich berühre.' Doch der Mond antwortete ruhig: ‚Und doch, Sonne, kennst du nicht die Tiefe der Dunkelheit, den Frieden, der mit der Nacht kommt. Die Sterne, die auf ihre eigene Art schön sind, können in deiner Gegenwart nicht leuchten.'"

Yumi lauschte intensiv, ihr Gesicht vom warmen Schein der Geschichte erleuchtet. Hiroshi fuhr fort: „Sowohl die Sonne als auch der Mond haben ihren Platz im großen Entwurf des Universums. Die Sonne bringt Vitalität, während der Mond Raum für Reflexion und Ruhe bietet. Es gibt kein Licht ohne Dunkelheit, keine Wärme ohne Kälte."

„Ich verstehe, Meister. Bedeutet das, dass auch die Teile von mir, die ich verabscheue, eine Rolle in meinem Dasein spielen?"

„Ganz genau", sagte Hiroshi. „Beurteile deine Schatten nicht zu hart. Sie sind Teil deines ganzen Seins. Sich selbst zu akzeptieren bedeutet nicht nur, die Qualitäten zu feiern, die du liebst, sondern auch jene zu umarmen, die du schwierig findest. Wenn du Frieden mit beiden machst, erreichst du Gleichgewicht."

„Also", reflektierte Yumi, „der Schlüssel ist es, jeden Teil von mir zu umarmen, wie die Welt sowohl die Sonne als auch den Mond umarmt?"

Hiroshi nickte mit einem Lächeln, seine Worte waren wie immer abgewogen. „Dein Sein ist ein Mosaik, Yumi. Jedes Teilchen hat eine

Rolle beim Erstellen des Gesamtbildes. Wenn du das akzeptierst, findest du Harmonie."

Mit dieser Offenbarung fühlte Yumi, als wäre ein Schleier von ihrem Herzen genommen. „Danke, Meister Hiroshi. Nun sehe ich, dass Frieden nicht aus Kampf, sondern aus Akzeptanz entsteht."

Während sie zum Tempel zurückkehrten, tanzte das Mondlicht auf ihren Gesichtern, und die Wärme der untergehenden Sonne grüßte sie aus der Ferne. Es war ein heiliger Moment, einer jener Momente, die dich daran erinnern, dass in einer Welt der Dualität Gleichgewicht nicht nur möglich, sondern wesentlich ist.

An diesem Abend ging Yumi mit einem leichten Herzen und einem offenen Geist fort, bereit, jede Facette von sich selbst anzunehmen. Und so, unter dem Licht des Mondes und der verbleibenden Wärme der Sonne, begann Yumi ihre Reise zu einem neuen Verständnis, einem, das die Schatten und das Licht ihres authentischen Selbst umfasste.

Reflexion

Das Treffen zwischen Yumi und ihrem Meister Hiroshi führt uns auf eine Reise der Entdeckung und Akzeptanz des Selbst. Es ist, als ob die Sonne und der Mond gleichzeitig im Himmel koexistieren, jeder mit einer spezifischen und unverzichtbaren Rolle.

Haben Sie sich jemals wie Yumi gefühlt, geplagt von Teilen von sich selbst, die im Konflikt zu stehen scheinen? Haben Sie sich jemals gefragt, wie Sie Ihre Schatten ebenso umarmen können wie Ihr Licht? Wie oft lassen Sie diese Schatten Ihr inneres Licht verdunkeln, was Ihr Wachstum und Ihr Glück einschränkt?

Ich vermute, dass dies Fragen sind, die Sie sich gestellt haben, vielleicht mehr als einmal. Wie Yumi suchen auch Sie vielleicht nach einem Weg, in Harmonie mit sich selbst zu leben, ohne sich von diesen scheinbaren Gegensätzen zerrissen zu fühlen.

Die Geschichte lädt uns ein, unsere Wahrnehmung von Licht und Dunkelheit, Gut und Böse, Stärke und Schwäche in uns selbst zu untersuchen.

Haben Sie jemals innegehalten, um zu überlegen, dass Ihre "Schatten" tatsächlich einen Wert haben könnten, eine Rolle zu spielen im größeren Bild Ihrer Existenz?

Zum Beispiel könnte Ihre Introvertiertheit, die Sie vielleicht als einen Mangel in einer Welt sehen, die Offenheit und Geselligkeit feiert,

Ihnen stattdessen eine tiefe Fähigkeit zur Introspektion und Empathie geben.

Könnte es nicht sein, dass Ihre Schwächen Sie menschlicher machen, anderen zugänglicher, und dass Ihre Stärken ergänzend zu Ihren Schwächen sind?

Hiroshi bietet ein Modell für ein Gleichgewicht, das tiefgreifend transformativ sein könnte. Sich selbst zu akzeptieren bedeutet nicht nur, die Teile zu feiern, die Sie wünschenswert finden, sondern auch Platz für die zu machen, die Sie problematisch oder herausfordernd finden. Wie erreichen Sie ein solches Gleichgewicht? Vielleicht beginnend mit einem Bewusstsein für beide und dann versuchen, sie in einer ganzheitlichen Sichtweise von sich selbst zu integrieren, anstatt einer fragmentierten.

Jetzt, reflektieren Sie: Wie können Sie diese Lektionen in Ihrem täglichen Leben anwenden?

Wie können Sie alle Teile von sich umarmen, wie die Welt sowohl die Sonne als auch den Mond umarmt?

Wie können Sie dieses innere Mosaik sichtbar machen, um größere Harmonie und inneren Frieden zu erreichen?

Sind Sie bereit, diese Reise zu beginnen? Eine Reise, die zu größerem Frieden mit sich selbst – und mit anderen führen wird.

Denken Sie daran, dass der Weg zum Selbstverständnis und zur Akzeptanz keine Reise ist, die man alleine unternimmt, sondern eine, die wir mit anderen und mit dem gesamten Universum teilen. Wie Hiroshi und Yumi im Licht des Mondes und der verbleibenden Wärme der Sonne können auch Sie Ihr eigenes Gleichgewicht finden und eine Reise zu einem neuen Verständnis beginnen, das sowohl die Schatten als auch das Licht Ihres authentischen Selbst umfasst.

16.
Der gefrorene See:
Überwindung emotionaler Barrieren

In einem geschützten Tal, umgeben von Bergen wie steinernen Wächtern, lag ein uraltes Refugium, ein Zufluchtsort für jene, die nach innerer Weisheit suchten. In dieser ruhigen Umgebung lebte Hiroshi, ein Zen-Mönch, bekannt für seine tiefe Introspektion. Obwohl das Refugium trostvolle Einsamkeit bot, spürte Hiroshi oft den Ruf einer noch abgelegeneren Einsiedelei am anderen Ufer eines gefrorenen Sees.

Es war ein eiskalter Morgen, der Schnee bedeckte das Land wie ein reines Leintuch, und die Oberfläche des Sees war eine glänzende Scheibe aus Eis. Die meisten Menschen hätten eine solche Reise gemieden, doch Hiroshi sah in diesem See ein Symbol, eine lebendige Metapher für die emotionalen Barrieren, die wir alle in uns tragen.

„Heute ist der Tag", sagte er sich und hüllte sich in einen schweren Schal. Er atmete tief ein, füllte seine Lungen mit der knackigen Luft, und machte den ersten unsicheren Schritt auf das Eis.

Während er vorankam, schien die rutschige Oberfläche ihn bei jedem Schritt zurückzustoßen, als wollte sie seine Entschlossenheit testen.

„Dieses Eis ist wie die Mauer aus Angst und Zweifel, die wir oft errichten", dachte Hiroshi. „Und genauso, wie ich jetzt Angst habe zu fallen, fürchten wir uns davor, emotional zu fallen, uns den unangenehmen Wahrheiten über uns selbst zu stellen."

In diesem Moment fühlte er, wie das Eis unter ihm zu zittern begann. Es war, als hätte der See seine Gedanken wahrgenommen, spiegelte seine Emotionen wie ein Spiegel wider. Mit einem tiefen Atemzug begann Hiroshi sich vorzustellen, wie die Wärme seines Atems das Eis schmolz, und wie durch Zauberei wurde der Boden unter ihm weniger feindselig, fast einladender.

„Das passiert, wenn wir unseren Ängsten gegenübertreten", dachte er. „Wenn wir in uns hineinschauen, wenn wir bereit sind, emotionale Barrieren mit der Wärme unseres Bewusstseins zu schmelzen, werden wir fähig, auch die Umgebung, die uns umgibt, zu verwandeln."

Als er schließlich das andere Ufer erreichte, setzte sich Hiroshi in die stille Einsiedelei, sein Atem in der stechenden Kälte sichtbar. Er fühlte sich, als hätte er Kontinente der Emotionen durchquert, als hätte er die höchsten Gipfel des Selbstbewusstseins erklommen. In dieser Stille erkannte er, dass emotionale Barrieren so stark wie Eis sein können, aber wie Eis, können sie geschmolzen werden.

„Es ist nicht die physische Distanz, die ich heute zurückgelegt habe, die von Bedeutung ist", meditierte Hiroshi, „sondern die innere Reise. Wir alle sind in der Lage, unsere Barrieren zu überwinden, das emotionale Eis, das uns einschließt, zu schmelzen. Alles, was es braucht, ist die Wärme eines offenen Herzens und das Licht des Bewusstseins."

Und so, umhüllt von der Stille der Einsiedelei und der Wärme seiner neuen Erkenntnis, versank Hiroshi in tiefe Meditation, wissend, dass er nicht nur einen See überquert hatte, sondern auch die eisigen Landschaften seines Herzens.

Reflexion

Die Geschichte von Hiroshi und dem gefrorenen See lehrt uns etwas Kostbares: Emotionale Barrieren sind wie Eisplatten, die wir auf unserem inneren Weg antreffen können.

Haben Sie sich jemals gefragt, welche "gefrorenen Seen" Sie in Ihrem Leben vermeiden? Sind es diese Probleme oder Ängste, die zu einschüchternd erscheinen, um sie zu konfrontieren, die Sie lieber umgehen als zu überqueren?

Hier ist der Schlüssel: Ihre emotionalen Barrieren, auch wenn sie so unzerstörbar wie Eis erscheinen mögen, können tatsächlich geschmolzen werden.

Haben Sie sich jemals den Launen Ihrer Emotionen ausgeliefert gefühlt, als wären Sie in einer starren Struktur gefangen?

Wie Hiroshi könnten Sie sich von einer Mauer aus Angst und Zweifel umgeben fühlen. Diese Mauer mag unüberwindbar erscheinen, aber haben Sie jemals in Betracht gezogen, dass die Wärme Ihres Bewusstseins ausreichen könnte, um sie zu schmelzen?

In der Geschichte ignoriert Hiroshi seine Ängste nicht; er stellt sich ihnen mit Bewusstsein. Dies ist eine mutige Handlung, die wir alle nachahmen können. Wie? Durch selbstbeobachtung ohne Urteil. Das nächste Mal, wenn Sie von Emotionen überwältigt werden, sei es Wut, Traurigkeit oder Angst, versuchen Sie, sich dessen bewusst zu werden. Atmen Sie tief durch und stellen Sie sich vor, dass jeder Atemzug ein Hauch von Wärme ist, der einen kleinen Teil dieser emotionalen Barriere schmilzt.

Wird es schwierig sein? Absolut. Aber es ist auch unglaublich befreiend. Das Akzeptieren und Konfrontieren Ihrer Emotionen ermöglicht es Ihnen, das Terrain, auf dem Sie gehen, zu verwandeln, genau wie Hiroshi fand, dass das Eis weniger feindlich war, als er seinen Ängsten gegenübertrat. Nach und nach werden Ihre "gefrorenen Seen" beginnen zu schmelzen und Platz für neue Möglichkeiten und echtes inneres Wachstum machen.

Hiroshi erkannte, dass seine Reise nicht so sehr physisch als vielmehr spirituell war. Der Weg, den er über diesen gefrorenen See zurücklegte, ist symbolisch für die Reise, die wir alle unternehmen müssen, um die emotionalen Barrieren zu überwinden, die uns gefangen halten. Und es ist eine Reise, die wir nicht alleine machen müssen. Wir werden von unserer angeborenen Fähigkeit zur Bewusstheit und Offenheit begleitet, mächtige Werkzeuge, die es uns ermöglichen, jeder Herausforderung, innerlich oder äußerlich, die das Leben uns stellt, zu begegnen.

Also, welches wird Ihr "gefrorener See" sein? Sind Sie bereit, ihm mit der Wärme Ihres Bewusstseins und dem Licht der Akzeptanz zu begegnen?

Wie Hiroshi können auch Sie die eisigen Landschaften Ihres Herzens durchqueren und eine neue, befreiende Erkenntnis über sich selbst gewinnen.

17.
Der Gärtner und die Wiese:
Nähren des inneren Wachstums

In einem Zen-Kloster, umhüllt von der wilden Schönheit eines üppigen Waldes, weit entfernt vom Lärm und den Ablenkungen der Außenwelt, lebte ein Mönch namens Daichi.

Er war ein Mann mittleren Alters mit einem friedlichen Ausdruck und Augen, die viel gesehen zu haben schienen, aber wenig urteilten. Daichi hatte eine besondere Rolle: Er war der Hüter des Gartens, des pulsierenden Herzens des Klosters.

Der Garten war ein bezaubernder Ort, eine Symphonie aus Farben und Düften, die sich mit jeder Jahreszeit veränderten. Für Daichi repräsentierte er jedoch viel mehr als nur eine angenehme Ästhetik. Jede Pflanze, jede Blume, jeder Grashalm war ein lebendiges Symbol für einen Aspekt des spirituellen Weges, den jeder Mönch beschritt.

Eines Morgens, als die Sonne den Himmel in Rosa- und Goldtönen färbte, begab sich Daichi in den Garten, bewaffnet mit einem Wassereimer und einem alten Paar Gartenscheren. Er begann im östlichsten Teil, wo prächtige Lilien wuchsen. Während er sie goss, dachte er darüber nach, wie jede Pflanze unterschiedliche Arten der Pflege benötigte. "Ebenso", dachte er, "braucht jeder Teil von mir unterschiedliche Fürsorge. Manche Teile benötigen Liebe, andere Disziplin."

Daichi bewegte sich zu einem großen Rosenstrauch. Einige blühten in voller Pracht, während andere Anzeichen von Krankheit zeigten.

Mit fester, aber sanfter Hand begann er, die kranken Äste zu beschneiden. "Es gibt Zeiten", reflektierte er, "in denen wir Teile von uns entfernen müssen, die uns nicht mehr dienen. Das könnten alte Gewohnheiten, toxische Beziehungen oder begrenzende Überzeugungen sein. Nur indem wir sie loslassen, können wir wachsen und gedeihen, wie wir es wünschen."

Als die Sonne ihren Zenit erreichte, konzentrierte sich Daichi auf einen Bereich des Gartens, wo einige junge Pflänzchen wuchsen. Sie waren gerade erst aus der Erde gesprossen, und Daichi wusste, dass sie in den nächsten Tagen und Wochen viel Aufmerksamkeit benötigen würden. "Diese jungen Pflanzen sind wie die Neuanfänge in unserem Leben", dachte er. "Sie sind zart und benötigen Pflege und Aufmerksamkeit, aber mit der Zeit und der richtigen Nahrung können sie stark und schön werden."

Schließlich, als die Sonne zu untergehen begann und den Himmel in Orange- und Violetttöne tauchte, setzte sich Daichi auf eine Steinbank im Zentrum des Gartens. Er schaute auf alles, was er an diesem Tag getan hatte, und fühlte sich erfüllt von einem tiefen Sinn für Zufriedenheit und Frieden. "Das ist es, was es bedeutet, das innere Wachstum zu nähren", dachte er. "Es ist eine Arbeit, die nie endet, die ständige Aufmerksamkeit und Liebe erfordert, aber die Früchte, die daraus hervorgehen, sind unbezahlbar."

"Wir alle sind Gärtner unserer Seelen", beschloss Daichi, als er langsam zum Kloster zurückkehrte, einen Garten hinter sich lassend, der nicht nur ein Ort der Schönheit war, sondern auch ein greifbares Spiegelbild seines inneren Wachstums. "Und die Handlung des Gärtnerns, in ihrer Einfachheit und Tiefe, ist vielleicht eines der reinsten Beispiele dafür, was es wirklich bedeutet, sich selbst zu lieben."

Reflexion

Haben Sie sich jemals Zeit genommen, um über den Garten Ihres inneren Lebens nachzudenken?

Wie der Mönch Daichi ist jeder von uns der Hüter eines einzigartigen spirituellen Gartens, bestehend aus Gedanken, Gefühlen, Gewohnheiten und Beziehungen.

Doch wie pflegen wir diesen heiligen Raum? Wie bringen wir die Pflanzen der Selbstakzeptanz, der Veränderung und der Dankbarkeit zum Blühen, während wir das Unkraut des Zweifels, der Angst und der Unzufriedenheit in Schach halten?

Stellen Sie sich die Lilien in Daichis Garten vor. Wie die Lilien benötigen manche Bereiche Ihres Lebens eine besondere Pflege, eine Art von Aufmerksamkeit, die nur Sie geben können.

Haben Sie schon einmal darüber nachgedacht, welche Teile von Ihnen Liebe verlangen und welche Disziplin benötigen?

Wie Daichi seine Lilien gießt, haben Sie schon einmal darüber nachgedacht, welche Aspekte von Ihnen selbst "gegossen" werden müssen mit Liebe, Aufmerksamkeit oder Verständnis, um zu gedeihen?

Und die Rosen, oh, die schönen und manchmal dornigen Rosen. Sie repräsentieren jene Teile von uns, die genauso faszinierend wie schwierig zu handhaben sein können. Einige blühen in voller Pracht, während andere verkümmern und krank werden.

Welche "Rosen" in Ihrem Leben benötigen einen Rückschnitt?

Es könnten alte Gewohnheiten, toxische Beziehungen oder negative Gedanken sein, die, einmal entfernt, Platz für neues Wachstum freigeben.

Betrachten Sie nun die jungen Pflänzchen in Daichis Garten. Sie stehen für Neuanfänge, zart aber voller Potenzial.

Welche Neuanfänge pflegen Sie in Ihrem Leben? Welche Samen haben Sie gepflanzt, die darauf warten, zu sprießen? Sie mögen jetzt zart sein, aber mit Sorgfalt und Aufmerksamkeit können sie zu etwas Prächtigem heranwachsen.

Daichi findet Frieden und Zufriedenheit, während er in seinem Garten sitzt, ein greifbares Symbol seines inneren Wachstums.

Und Sie? Wenn Sie im Garten Ihres inneren Lebens sitzen, was sehen Sie? Erkennen Sie eine harmonische Landschaft oder Bereiche, die mehr Pflege benötigen?

Denken Sie darüber nach, während Sie Ihren Tag durchleben, im Bewusstsein, dass Sie der Gärtner Ihrer Seele sind.

Jeder Garten benötigt ständige Arbeit, unendliche Aufmerksamkeit und bedingungslose Liebe.

Sind Sie bereit, Ihren inneren Garten mit derselben Hingabe zu pflegen, mit der Daichi seinen pflegt?

Es ist eine Frage, auf die nur Sie antworten können, eine Einladung, sich in die tiefe Arbeit des Kultivierens und Nährens Ihrer Seele zu vertiefen.

18.
Der Berg und das Tal:
Die Doppelte Natur der Existenz

Der Mönch Eiji bestieg den Berg mit derselben Hingabe, die er Jahre zuvor auf seinen spirituellen Pfad gelegt hatte. Jeder Schritt nach oben war wie ein Durchgang durch verschiedene Schichten des Verstehens. Als er schließlich den Gipfel erreichte, machte ihm die dünne Luft jeden Atemzug zu einem kleinen Triumph bewusst. Er fühlte sich leicht, als wäre er von den Ketten der irdischen Realität befreit. Hier, so nah am Himmel, konnte er fast das Göttliche berühren.

Er setzte sich auf einen flachen Felsen und meditierte. Seine Gedanken schwebten, als würden sie auf goldenen Wolken treiben. Er dachte über abstrakte Konzepte nach wie die göttliche Verbindung und die Loslösung von der materiellen Welt. Hier, auf dem Gipfel seiner physischen und spirituellen Existenz, fühlte er, als hätte er ein neues Verständnisniveau erreicht.

Doch die Sonne begann zu sinken, und mit ihr begann auch Eiji seinen Abstieg. Er ging von schneebedeckten Gipfeln zu grasigen Hängen bis hinunter in ein üppiges Tal. Es war, als würde er in eine andere Welt eintreten. Die Luft war dicht und warm, pulsierend mit Leben. Die Geräusche der Vögel und das Rascheln der Blätter bildeten eine natürliche Symphonie.

Hier meditierte Eiji erneut. Doch dieses Mal waren seine Gedanken durchtränkt von der irdischen Realität. Er dachte an familiäre Bindungen, Anhaftungen, Wünsche und alles, was Form und Substanz dem täglichen Leben gibt. Die Feuchtigkeit des Tals machte ihm bewusst, wie kompliziert und anstrengend das Leben sein kann, aber auch wunderbar real.

In der Stille seiner Hütte zündete Eiji eine Kerze an und nahm sich einen Moment Zeit, um über die zwei Erfahrungen nachzudenken. Es fühlte sich an, als ob sein Geist sich aufgespalten hätte, als ob er an einem einzigen Tag zwei unterschiedliche Welten bewohnt hätte. Warum sollte ich eine dieser Erfahrungen über die andere stellen? dachte er.

Beim Nachdenken erkannte er, dass beide Umgebungen Facetten derselben Existenz waren. Oft hatte er versucht, sich zu erheben, sich vom Detail des irdischen Lebens zu abstrahieren. Aber jetzt erkannte er, dass die Vernachlässigung dieser irdischen Lektionen wie das Amputieren eines Teils von sich selbst war. Und umgekehrt konnte zu viel Vertiefung in die Details ihn daran hindern, die Schönheit des gesamten Panoramas zu sehen.

So entwickelte Eiji eine ausgeglichene Meditationspraxis. Jeden Morgen, auf dem Dach seiner Hütte mit Blick auf den Berg, konzentrierte er sich auf Meditationen, die ihn erhob. Jeden Abend, in dem kleinen Garten, der sein Tal umgab, verankerten seine Reflexionen ihn an die Erde.

Mit der Zeit begriff Eiji, dass eine wahre und vollständige Selbstreflexion keinen Teil des menschlichen Seins ausschloss. Sowohl der Berg als auch das Tal hatten Fragen gestellt, auf die nur das gesamte Spektrum seiner Erfahrungen antworten konnte. Und im ständigen Austausch zwischen dem Hoch und dem Tief, zwischen dem Göttlichen und dem Menschlichen, fand er das Gleichgewicht, das das letztendliche Ziel seiner langen und erfüllenden spirituellen Suche gewesen war.

So saß Eiji in seiner Hütte, ein Lächeln der vollständigen Akzeptanz über sein Gesicht huschend. Er hatte seine Wahrheit in der Dualität gefunden, und in diesem Moment war er genau dort, wo er sein sollte.

Reflexion

Die Geschichte des Mönchs Eiji lehrt uns eine wichtige Lektion auf dem Weg der Selbstreflexion. Beim Aufstieg des Berges und während der Zeit im Tal entdeckt Eiji zwei komplementäre Aspekte der Existenz: das Streben nach dem Göttlichen und die Erdung im Irdischen. Haben Sie sich jemals gefragt, warum Sie manchmal zwischen diesen beiden Welten schwanken, fast so, als müssten Sie sich für die eine auf Kosten der anderen entscheiden?

Beim Aufstieg des Berges belebt Eiji das Konzept, sich über Ablenkungen und weltliche Bindungen zu erheben, um etwas zu berühren, das größer ist als man selbst.

Und wer von uns hat sich nicht zumindest einmal nach dieser spirituellen Höhe gesehnt, wo Probleme klein und handhabbar scheinen?

Haben Sie sich jemals so von allem losgelöst gefühlt, dass Sie einen Moment reiner innerer Freiheit erlebten?

Eiji zeigt uns, dass das Streben nach etwas Größerem ein intrinsischer Teil unserer menschlichen Natur ist. Aber ist das alles?

Dann kommt das Tal. Warm, feucht, pulsierend mit Leben. In diesem Tal findet Eiji sich selbst im Kontext seiner Beziehungen, Wünsche und irdischen Bindungen wieder. Ist es nicht wahr, dass die Realität des Alltags inmitten ihrer Komplexität und Herausforderungen ihren eigenen Wert hat?

Wie können Sie die Schönheit des großen Bildes schätzen, wenn Sie sich nicht hin und wieder in den Details verlieren?

Eiji, der über seine Erfahrungen nachdenkt, erkennt, dass weder der Berg noch das Tal überlegen sind; sie sind einfach unterschiedlich. Auch Sie haben vielleicht auf Ihrem Weg der Selbstreflexion das Bedürfnis verspürt, sich über die alltäglichen Sorgen zu erheben.

Aber wie oft haben Sie innegehalten, um zu überlegen, dass auch diese für Ihr Wachstum wesentlich sind?

Der Schlüssel liegt in der Balance. Eiji praktiziert unterschiedliche Meditationen am Morgen und am Abend, und in diesem Gleichgewicht zwischen den beiden Welten findet er eine Art Frieden.

Und Sie? Haben Sie jemals darüber nachgedacht, wie Sie diese Aspekte Ihrer Existenz ausbalancieren können für eine vollständigere Selbstreflexion?

Vielleicht ist es an der Zeit, sich einen Moment zu nehmen, um zu überlegen, wie beide Welten in Ihnen koexistieren können, und Tiefe und Nuancen zu Ihrem Gesinnung hinzuzufügen.

Dies ist die universelle Botschaft von Eijis Geschichte: Dualität ist in unserer Existenz inhärent. So wie der Berg und das Tal im selben Landschaftsbild koexistieren, können auch das Göttliche und das Irdische einen Platz in Ihnen finden. Schließen Sie keinen Teil von sich selbst auf Ihrer Reise zum Selbstverständnis aus. Und in der Mitte dieser beiden Extreme könnten Sie genau das Gleichgewicht finden, nach dem Sie sich sehnen. Und sobald Sie es gefunden haben, wie Eiji, werden Sie genau dort sein, wo Sie sein müssen.

19.
Der Meister und der Lehrling:
Demut auf dem Weg der Selbstentdeckung

In einem alten Kloster, das auf einem unzugänglichen Gipfel thronte, wo der ewige Schnee den Himmel berührte, lebte ein junger Mönch namens Yuto. Dies war kein gewöhnliches Kloster; es war ein Ort, an dem die Winde alte Wahrheiten flüsterten und die Felsen scheinbar mit unveränderlicher Weisheit geladen waren. Yuto, in seiner safranfarbenen Robe und mit rasiertem Kopf, war ein eifriger Schüler. Seine Tage waren ein strenges Ritual aus Meditation,

Gesängen und dem Studium der heiligen Texte, geschrieben mit goldener Tinte auf Pergamentblättern.

Doch in Yutos Seele herrschte eine Unruhe, ein unsichtbares Hindernis gleich einem dünnen Schleier, der seine innere Sicht trübte. Eines Morgens, nach einer besonders frustrierenden Meditationssitzung, beschloss er, dass es an der Zeit war, die Führung seines verehrten Meisters, Meister Kenzo, zu suchen.

Er ging durch die steinernen Korridore, die nur vom gedämpften Licht erleuchtet wurden, das durch die Bogenfenster fiel, und erreichte den Raum des Meisters. "Meister Kenzo, ich setze jede Faser meines Seins in meinen spirituellen Weg, aber es fühlt sich an, als würde ein Stück fehlen. Warum kann ich keinen Fortschritt machen?" Yutos Stimme zitterte leicht und verriet seine innere Frustration.

Meister Kenzo, ein alter Mann mit Augen, die scheinbar das Unendliche gesehen hatten, blickte ihn mit einem undurchdringlichen Ausdruck an. "Komm mit mir, Yuto. Ich habe etwas, das ich dir zeigen möchte", antwortete er ruhig.

Yuto folgte dem Meister durch ein komplexes Labyrinth von Gängen bis zu einem geheimen Hof, wo ein prächtiger Kirschbaum stand, dessen blühende Zweige ein rosa Baldachin bildeten. Aus einer verborgenen Tasche in seinem Gewand holte Kenzo eine kleine geschnitzte Holzbox hervor und öffnete sie vorsichtig, um einen einzigen Kirschbaumkern zu enthüllen.

"Siehst du diesen Samen, Yuto? Er trägt den Code in sich, um zu einem mächtigen Baum zu werden, ein majestätisches Wesen, das eines Tages den Himmel berühren kann. Aber um das zu tun, benötigt er mehr als nur Erde und Wasser; er benötigt Zeit und Geduld", erklärte Kenzo und legte den Samen in Yutos offene Hand.

"Du, mein lieber Schüler, bist wie dieser Samen. Du besitzt immenses Potenzial. Doch Wachstum ist keine Willenshandlung, sondern ein natürlicher Prozess, der Demut erfordert."

Die Worte trafen Yuto wie ein Blitz der Erleuchtung. Er erkannte, dass sein brennender Ehrgeiz und die Angst, "zu werden", genau die Barrieren waren, die sein spirituelles Wachstum hinderten. Er hatte seine Suche als eine Aufgabe behandelt, die es zu erfüllen galt, statt als eine Reise, die es zu erleben galt.

"Wie kann ich dann diese Demut kultivieren, die ich so sehr benötige, Meister?" fragte er, fast flüsternd, als fürchte er, die Antwort könnte mit dem Wind davonfliegen.

Kenzo sah Yuto tief in die Augen und sagte: "Übe die Kunst des Zuhörens. Höre auf das Flüstern des Windes, das Fließen des Wassers im Bach und vor allem, höre auf die Stille in dir. Demut beginnt mit der Akzeptanz, dass du nicht der Mittelpunkt des Universums bist, sondern ein kleiner Teil davon. Öffne dein Herz und deinen Verstand und lasse das Leben dich lehren."

Ab diesem Tag änderte Yuto seinen Ansatz. Er meditierte mit offenem Herzen und klarem Geist, umarmte die Gesamtheit seines Seins und begann, jeden seiner Misserfolge und Erfolge als einfache Schritte auf einem endlosen Pfad der Selbstentdeckung zu sehen. In der tiefen Stille des Klosters, zwischen dem Tanz der Kirschblüten und dem Echo der uralten Gesänge, fand Yuto endlich den Frieden und die Weisheit, nach der er sich so gesehnt hatte.

Es war kein Ziel, das es zu erreichen galt, sondern ein Weg, den es zu gehen galt, ein ewiger Tanz mit sich selbst und dem Universum. Und all dies wurde nur durch Demut und ständige Selbstreflexion möglich, wie ein Fluss, der ununterbrochen zum Ozean des Seins fließt.

Reflexion

Die Geschichte von Yuto und Meister Kenzo bietet uns ein Fenster, durch das wir die Beziehung zwischen Demut und Selbstentdeckung erkunden können. Oft finden wir uns im Labyrinth unserer Seele wieder, auf der leidenschaftlichen Suche nach Erleuchtung, nach Antworten.

Haben Sie jemals darüber nachgedacht, wie wichtig Demut auf dieser inneren Reise ist? Demut ist nicht nur eine Tugend; sie ist ein Schlüssel, der die Tür zur tiefen Erkenntnis von sich selbst und der Welt um uns herum öffnet.

Haben Sie jemals gedacht, dass Ihr Drang, "anzukommen", "zu werden", genau das sein könnte, was Sie daran hindert, voranzukommen?

Yuto lehrt uns, dass spirituelles und persönliches Wachstum keine Aufgabe ist, die es zu erledigen gilt, noch ein Ziel, das es zu erreichen gilt. Es ist ein Prozess, ein kontinuierlicher Tanz, der Ihre volle Präsenz und Akzeptanz erfordert.

Wie oft ertappen Sie sich dabei, auf Ziele zuzusteuern, versuchen Sie, Ihre endlose To-do-Liste abzuarbeiten, während Sie vergessen, die Stille zu hören, die in Ihnen wohnt?

Die von Meister Kenzo angesprochene Demut ist ein tiefes Zuhören. Nicht nur anderen zuzuhören, sondern sich selbst zuzuhören, dem Leben zuzuhören. Dieses Zuhören ist eine Form der achtsamen Anwesenheit, eine offene Abstimmung mit der Unsicherheit und der unendlichen Komplexität des Seins. Sie können so viel aus der Kunst des Zuhörens lernen.

Haben Sie jemals darüber nachgedacht, welche Möglichkeiten sich öffnen könnten, wenn Sie statt zu sprechen, sich dem Zuhören widmen würden? Wenn Sie statt zu suchen, einfach finden würden?

Stellen Sie sich vor, Ihr Wesen ist wie dieser Kirschbaumsamen, den Kenzo in Yutos Hand legt. Sie haben das ganze Potenzial, zu wachsen, zu einem majestätischen Baum zu werden, aber Sie benötigen mehr als nur "Erde und Wasser". Sie benötigen Demut, um zu akzeptieren, dass Wachstum ein Prozess ist, der sich in seiner eigenen Zeit und in seinem eigenen Raum entfaltet, der nicht erzwungen oder beschleunigt werden kann. Sie können nur die Bedingungen dafür schaffen, dann müssen Sie loslassen.

Und wenn Sie jedes Hindernis, jeden Misserfolg oder Erfolg als einfache Schritte auf einem endlosen Pfad der Selbstentdeckung sehen würden?

Könnte diese Perspektivenänderung für Sie hilfreich sein? Vielleicht ist es an der Zeit, Ihre Prioritäten und Ziele zu überdenken und Ihr Herz für Demut zu öffnen.

Diese Art der Offenheit ermöglicht es Ihnen, den ununterbrochenen Fluss des Lebens zu akzeptieren, wie ein Fluss, der frei zum Ozean des Seins fließt. In dieser Haltung, geprägt von Offenheit und Demut, werden Sie nicht nur den Frieden und die Weisheit finden, nach denen Sie gestrebt haben, sondern auch ein tiefes Gefühl der Verbindung mit sich selbst und dem Universum.

In der Stille Ihres Seins werden Demut und achtsame Präsenz zu den leisen Stimmen, die Sie zu Ihrer inneren Wahrheit führen. Sie sind wie der sanfte Wind, der durch die Blätter des majestätischen Baumes weht, der Sie bestimmt sind zu werden: ein Baum, verwurzelt in Weisheit, genährt von Selbstentdeckung, erblüht in Verbindung mit allem, was ist. Also, wenn Sie am Scheideweg des Lebens stehen, hören Sie auf dieses subtile. Flüstern. Es ist die Sprache Ihres authentischen Selbst, die Sie einlädt, Illusionen loszulassen und die großartige Komplexität des Seins in seinem ewigen Tanz von Licht und Schatten zu umarmen.

20.
Der zunehmende Mond:
Der Zyklus der Selbst-Erneuerung

In einem alten Kloster, versteckt in einer entlegenen Ecke Nepals, eingebettet wie ein kostbares Juwel in die grünen Falten eines Tals, lebte ein Mönch namens Toshiro. Er war ein Mann mittlerer Größe, aber von großer Präsenz; seine Augen hatten die Tiefe eines bodenlosen Sees. Eines Nachts, als alle schliefen, trat Toshiro in den Hof des Klosters, seine Robe flatterte sanft im nächtlichen Wind. Er blickte in den sternenklaren Himmel und war fasziniert vom zunehmenden Mond.

Auf einem alten Kirschbaumstamm sitzend, begann sein Herz zu sprechen. Er fühlte, dass er an einem Scheideweg angekommen war, einer Sackgasse in seinem spirituellen Leben. Trotz seiner hingebungsvollen Praxis der Meditation und der Schriften schien ihm das Gefühl der Transformation und Erneuerung so flüchtig wie Wasser zwischen den Fingern.

In den folgenden Nächten kehrte Toshiro an seinen einsamen Platz zurück, beobachtete weiterhin den zunehmenden Mond und meditierte über seine wechselnde Gestalt. Tanzende Blätter im Wind umgaben ihn, als wären sie Komplizen seiner inneren Fragen. "Wenn der Mond jede Nacht seine Form ändern kann, warum kann ich das nicht auch?" fragte er sich fast in einem stillen Dialog mit dem nächtlichen Himmelskörper.

Eines Tages beschloss er, sein Dilemma mit seinem weisen Meister, Meister Hiroshi, einem alten Mann mit weißem Bart und Augen, die die Geheimnisse des Universums zu kennen schienen, zu teilen.

"Meister, jede Nacht beobachte ich den Mond und sehe, wie er sich verändert, wie er wächst. Mir ist klar geworden, dass auch ich mich erneuern sollte. Dennoch fühle ich mich wie ein See, in dem das Wasser stagniert", gestand Toshiro mit leiser Stimme.

Meister Hiroshi, der mit einem liebevollen Lächeln und gütigen Augen zuhörte, antwortete: "Ah, der Mond ist wahrlich ein hervorragender Lehrer. Aber hast du dich gefragt, warum der Mond seine Form ändert? Hast du dich je gefragt, welche Kraft ihn in diesem unermüdlichen Zyklus leitet?"

Überrascht wirkte Toshiro verblüfft. "Ich glaube, es ist der natürliche Fortschritt seines Zyklus", sagte er schließlich.

"Richtig", nickte Hiroshi. "Und wie der Mond hast auch du einen natürlichen Wachstums- und Erneuerungszyklus. Aber manchmal widerstehen wir diesem Zyklus. Wie ein Fluss, der im Winter gefriert, klammern wir uns an alte Formen, an alte Denkweisen, und behindern so unsere Erneuerung."

Toshiro absorbierte jedes Wort wie ein Schwamm, der das Wasser des Ozeans aufnimmt. Die Worte des Meisters schienen eine Tür in seinem Herzen geöffnet zu haben.

"Wie kann ich mich mit meinem natürlichen Wachstumszyklus in Einklang bringen, Meister?" fragte er mit einer Haltung der Demut und Offenheit.

Meister Hiroshi trat näher, legte die Hand auf Toshiros Schulter und sagte: "Der erste Schritt ist die Akzeptanz, mein Lieber. Zu akzeptieren, dass jede Phase deines Seins wie eine Jahreszeit ist, vergänglich und in ständiger Veränderung. Dann musst du den Mut haben, loszulassen, was nicht mehr dient. Das schafft Raum für neue Möglichkeiten, neue Sichtweisen auf dich selbst und die Welt."

In den darauffolgenden Tagen und Wochen setzte Toshiro die Lehren seines Meisters um. Er begann, alte Gewohnheiten und Denkweisen loszulassen, von denen er fühlte, dass sie Hindernisse auf seinem Weg waren. Jede Nacht, wenn er den Mond wachsen sah, schöpfte er Mut aus dem Gedanken, dass auch er wuchs, sich verwandelte, erneuerte.

Mit der Zeit begann er, ein tiefes Gefühl der inneren Erneuerung zu spüren. Wie der Mond, der Nacht für Nacht wuchs, befand auch er sich in einer Phase der Expansion und des Wachstums. Und so, in perfekter Synchronität mit den natürlichen Zyklen, die ihn umgaben, fand Toshiro den Schlüssel zu seiner persönlichen Erneuerung. Er verstand, dass der Weg zu einer tieferen Selbstreflexion ein unendlicher Kreislauf ist, ein ewiger Tanz zwischen Licht und Schatten, genau wie die Phasen des Mondes.

Reflexion

Haben Sie jemals in den Himmel geblickt und den zunehmenden Mond betrachtet und sich gefragt, wie Sie von seiner Einfachheit, seinem unveränderlichen Rhythmus lernen könnten? Wie Toshiro erreichen wir alle Momente, in denen wir das Gefühl haben, dass unser spiritueller oder persönlicher Weg ins Stocken geraten ist. Vielleicht finden Sie sich in der Reflexion wieder, warum sich, trotz aller Bemühungen, der Wandel so schwer fassen lässt.

Aber haben Sie je in Betracht gezogen, dass Sie, genau wie der Mond, in einem ständigen Zyklus von Wachstum und Erneuerung sind?

Die Geschichte von Toshiro und Meister Hiroshi bietet uns ein Fenster, durch das wir den natürlichen Zyklus unseres Daseins betrachten können. Es ist ein Zyklus, der Wachstum, Stillstand und Erneuerung beinhaltet, genau wie die Phasen des Mondes.

Haben Sie sich jemals gefragt, welche natürlichen Kräfte Ihren Lebenszyklus lenken?

Könnte es sein, dass Sie, im Verlangen nach Veränderung, einem größeren Zyklus widerstehen, einem, der eine Harmonie erfordert, die über Ihr unmittelbares Verständnis hinausgeht?

Die Lehre von Meister Hiroshi ist universell: Um sich mit Ihrem natürlichen Zyklus in Einklang zu bringen, müssen Sie zuerst die Vergänglichkeit jeder Phase Ihres Lebens akzeptieren. Zu akzeptieren, dass Sie sich ständig weiterentwickeln, ermöglicht es Ihnen, alte Gewohnheiten und Denkweisen loszulassen, die nicht mehr zu Ihrem Wohlbefinden beitragen. Dies wiederum schafft Raum für neue Möglichkeiten und neue Sichtweisen auf sich selbst und die Welt.

Haben Sie sich jemals gefragt, welche alten Gewohnheiten oder Überzeugungen Sie heute loslassen könnten, um Platz für neue Möglichkeiten zu schaffen?

Darüber hinaus ist es nicht nur die Akzeptanz des Zyklus, die wichtig ist; es ist auch das Erkennen Ihrer persönlichen Macht, diesen Zyklus zu erleichtern oder zu behindern.

Haben Sie je darüber nachgedacht, wie Ihre Handlungen oder ihr Fehlen Ihr Wachstum und Ihre Erneuerung beeinflussen können?

Wie Toshiro könnten Sie feststellen, dass die Hindernisse auf Ihrem Weg oft selbstauferlegt sind. Diese Hindernisse können überwunden werden, wenn Sie bereit sind zu beobachten, zu meditieren und vor allem, die Veränderungen vorzunehmen, die Ihr Leben in Einklang mit den natürlichen Zyklen bringen.

So wie Toshiro entdeckt hat, kann unendliche Weisheit in den einfachsten Dingen gefunden werden. Und es ist durch diesen ständigen Zyklus von Beobachtung, Akzeptanz und Handlung, dass Sie die wahre Bedeutung der Selbst-Erneuerung erfahren können.

Wo finden Sie Ihren "zunehmenden Mond" im Alltag? Und wie wird es Ihnen erlauben, den ewigen Zyklus der Selbst-Erneuerung zu umarmen?

21.
Das leere Buch:
Schreiben Sie Ihre eigene Geschichte

In einem Kloster, eingebettet zwischen hohen Bergen und dichten Wäldern, befand sich ein junger Mönch namens Haruki mitten in einer persönlichen Krise. Er fühlte, dass sein Leben eine Abfolge von Handlungen und Reaktionen war, ein von äußeren Kräften geschriebenes Drehbuch – die Erwartungen der Gesellschaft, der Druck von Gleichaltrigen und die Lehren seiner Meister.

Eines Tages, während er die Bibliothek aufräumte, entdeckte Haruki ein leeres Buch, ohne Titel und Worte. Dieses Buch traf ihn tief, als Spiegelbild seiner aktuellen Gemütslage, und er brachte es zu seinem Meister, Meister Yoshida.

"Meister, warum ist dieses Buch leer?" fragte Haruki und legte das Buch auf Yoshidas Schreibtisch.

"Ah, ein leeres Buch ist wie eine weiße Leinwand", antwortete der Meister, "es bietet unendliche Möglichkeiten. Es ist eine Einladung, deine eigene Geschichte zu schreiben, statt nach einem vorgegebenen Skript zu leben."

Die Weisheit dieser Worte drang tief in Haruki ein. "Aber wie kann ich beginnen, meine Geschichte zu schreiben, Meister? Ich bin nur ein Schüler, der viel zu lernen hat."

Meister Yoshida lächelte sanft. "Die Selbstreflexion ist der Schlüssel. Du musst dich zuerst selbst kennen, deine Ängste, deine Wünsche und deine Leidenschaften verstehen. Erst dann kannst du beginnen, deine Geschichte authentisch zu schreiben."

In den folgenden Tagen widmete Haruki mehr Zeit der Meditation und Selbstreflexion. Mit jeder Sitzung begann er, die verschiedenen Schichten seines Seins zu erkennen, von den oberflächlichsten Bedürfnissen bis zu den tiefsten Wünschen. Langsam begannen Gedanken und Worte aus ihm zu fließen, und er begann, auf den leeren Seiten des Buches zu schreiben.

Jede gefüllte Seite war wie ein Meilenstein auf seinem Weg des inneren Wachstums. Er erkannte, dass jede Wahl, jede Handlung und sogar jeder Gedanke Pinselstriche auf dem Bild seines Lebens waren.

Einen Monat später kehrte Haruki zu Meister Yoshida zurück, sein Buch nun gefüllt mit Reflexionen, Geschichten und Lehren, die er in sich entdeckt hatte.

"Ich sehe, dass du begonnen hast, deine Geschichte zu schreiben", sagte der Meister und blätterte durch das Buch. "Wie fühlst du dich?"

"Erneuert, Meister. Als ob jedes geschriebene Wort ein Schritt in Richtung Verständnis und Selbstakzeptanz wäre. Ich habe gelernt, dass das Schreiben meiner Geschichte kein Akt der Eitelkeit ist, sondern ein Weg zur Selbstreflexion und persönlichen Erneuerung."

"Wunderbar", sagte Meister Yoshida. "Denk daran, Haruki, die Geschichte deines Lebens ist ein ständig fortschreitendes Buch. Und der Stift liegt in deinen Händen."

Reflexion

Haben Sie sich jemals wie Haruki gefühlt, gefangen in einem Drehbuch, das von äußeren Kräften geschrieben wurde? Ein Drehbuch geformt von sozialen Erwartungen, Gleichaltrigendruck und auferlegten Dogmen. Was würde passieren, wenn Sie, genau wie Haruki, mitten in Ihrem Leben ein leeres Buch entdecken würden?

Ein leeres Buch ist mehr als ein Stapel ungenutzter Seiten; es ist ein mächtiges Symbol. Es ist eine Leinwand, auf der Sie die Geschichte Ihres Lebens malen können, aber zuerst müssen Sie den wichtigsten Schritt tun: beginnen zu schreiben.

Die Geschichte von Haruki präsentiert ein grundlegendes Konzept: die Selbstreflexion.

Es geht nicht nur um eine intellektuelle Übung, sondern um eine innere Reise zur Selbstentdeckung.

Wie können Sie Ihre Leidenschaften, Wünsche und Ängste kennen, wenn Sie sich nicht die Zeit nehmen, Ihre innere Welt zu erkunden? Erst wenn Sie anfangen, diese wesentlichen Elemente Ihrer Existenz zu erforschen, werden Sie in der Lage sein, diesen metaphorischen Stift zu ergreifen und auf den leeren Seiten Ihres "Buches" zu schreiben.

Für Haruki war jede geschriebene Seite ein Meilenstein auf seinem persönlichen Wachstumspfad. Ebenso sind jeder Schritt, den Sie machen, jede Entscheidung, die Sie treffen, jeder Fehler, den Sie machen, Pinselstriche auf dem Bild Ihres Lebens. Sie sind nicht zu fürchten, sondern zu umarmen. Sie sind Chancen für Selbstreflexion und persönliche Erneuerung.

Haben Sie jemals darüber nachgedacht, wie sehr sich Ihr Leben ändern könnte, wenn Sie anfangen würden, jedes Hindernis, jede Schwierigkeit, als eine leere Seite zu sehen, die darauf wartet, geschrieben zu werden?

Es ist kein Akt der Eitelkeit, sondern ein Weg zum Verständnis und Selbstakzeptanz. Es ist eine Möglichkeit, auf die innere Quelle Ihres Seins zuzugreifen, um Ihr persönliches und spirituelles Wachstum zu nähren.

Meister Yoshida sagt es klar: "Die Geschichte Ihres Lebens ist ein ständig fortschreitendes Buch. Und der Stift liegt in Ihren Händen."

Also frage ich Sie: Was warten Sie? Der Stift ist bereits in Ihren Händen; alles, was Sie tun müssen, ist anzufangen zu schreiben. Und keine Sorge, wenn Sie nicht wissen, wo Sie anfangen sollen; denken Sie daran, dass jede Reise, kurz oder lang, immer mit einem einzigen Schritt beginnt. Aber dieser Schritt kann von niemand anderem als Ihnen selbst gemacht werden.

Die Geschichte von Haruki ist eine Einladung, ein Aufruf zum Handeln. Es ist eine Aufforderung, die Kontrolle über den inneren Erzähler zu übernehmen und zum Autor Ihres Lebens zu werden. Jede Wahl, die Sie treffen, jede Handlung, die Sie ausführen, jeder Gedanke, den Sie pflegen, sind Worte, die die Geschichte Ihrer Existenz bilden. Und wie Haruki könnten Sie entdecken, dass der Stift immer in Ihren Händen war. Sie müssen nur den Mut haben, ihn zu verwenden.

22.
Der tiefe Brunnen:
Aus der inneren Quelle schöpfen

Im einem abgelegenen Dorf, verborgen zwischen hohen Bergen und üppigen Tälern, wo das Leben so langsam dahinfloss wie das Wasser eines ruhigen Flusses, stand ein altes Kloster, in dem ein älterer Mönch namens Kaito lebte. Er war nicht nur für seine Weisheit bekannt, sondern auch für eine besondere Gewohnheit: Jeden Morgen bei Sonnenaufgang ging er den steinernen Pfad hinunter zum Brunnen des Klosters, um Wasser zu schöpfen.

Die jungen Mönche, voller Energie und spirituellen Ehrgeizes, fragten sich oft, warum ein Mann seines Alters und seiner Weisheit sich einer so demütigen Aufgabe widmen würde. Warum nicht diese bescheidene Tätigkeit den jüngeren Mönchen überlassen?

Eines Tages überwand die Neugier die Zurückhaltung eines jungen Mönchs namens Yori. "Meister Kaito", fragte er mit einer Stimme voller Respekt, aber durchtränkt mit Neugierde, "warum besteht Ihr darauf, diese Tätigkeit allein zu verrichten? Wir wären geehrt, sie für Euch zu übernehmen."

Kaitos Gesicht erleuchtete mit einem Lächeln wie die Morgensonne. "Ah, Yori. Kommt mit mir zum Brunnen, und vielleicht werdet Ihr etwas mehr verstehen."

Sie gingen zusammen, ihre Gewänder raschelten sanft zwischen ihren Schritten. Am Brunnen, einer alten, von Efeu und Wildblumen umwachsenen Steinstruktur, packte Kaito das raue Seil und begann, den Eimer mit einer fließenden, meditativen Bewegung hinabzulassen.

"Jedes Mal, wenn ich diesen Eimer herablassen", sagte er, seine Augen fixierten das dunkle Wasser unter ihnen, "ist es, als würde ich aus meiner inneren Quelle schöpfen. Im Wasser, das wieder auftaucht, finde ich Weisheit, Erkenntnis und Frieden. Dieser Brunnen ist tief, und so ist unser Inneres. Jenseits der Oberfläche, wo das Sonnenlicht kaum erreicht, gibt es eine ganze Welt zu entdecken, ein Abgrund versteckter Möglichkeiten."

Yori wurde von diesen Worten verzaubert, jede Silbe drang in sein Sein wie Tau auf einem Blütenblatt. "Und wie kann ich aus meiner inneren Quelle schöpfen, Meister?"

Kaito legte eine Hand auf Yoris Schulter, sein Blick war wie ein ruhiger See. "Durch Selbstreflexion. Nehmt Euch Zeit für Euch selbst, taucht ein in die Stille Eures Geistes und hört zu, was aus diesen Tiefen auftaucht. Es ist ein andauernder Prozess, der Euch helfen wird, sowohl in ruhigen Gewässern als auch in stürmischen Meeren zu navigieren."

Inspiriert von diesen Worten, begann Yori mehr Zeit der Meditation und Selbstreflexion zu widmen. Er entdeckte versteckte Ecken seines Bewusstseins, kleine Inseln der Empathie und weite Ozeane des Verständnisses. Er erkannte, dass sein innerer Brunnen eine unerforschte Welt war, tiefer als er sich je vorgestellt hatte.

Nachdem einige Zeit verging, kehrte Yori zum Brunnen mit Kaito zurück, sein Gesicht erleuchtet von einer neuen Art der Klarheit. "Meister, jeden Tag entdecke ich etwas Neues in meinem inneren Brunnen. Es ist eine überraschende und erleuchtende Reise."

Kaitos Freude war greifbar wie die Wärme der Sonne. "Seht, Yori, dies ist nur der Anfang. Aber denkt daran, Weisheit ist wie das Wasser in einem Fluss; sie zieht nur Nährstoffe, wenn sie fließt. Behaltet nicht für Euch, was Ihr entdeckt; teilt es, und Ihr werdet sehen, wie Eure Weisheit wächst."

Jedes Wort Kaitos war ein Wassertropfen – einfach, aber tiefgründig. Yori verstand, dass wahre Weisheit nicht nur darin bestand, aus seiner inneren Quelle zu schöpfen, sondern auch darin, diese Quelle frei zu den anderen fließen zu lassen.

Und so brachte jeder Morgen einen neuen Tag der Entdeckungen für die Mönche des abgelegenen Klosters. Jeder Eimer Wasser schöpfte nicht nur aus der Tiefe des steinernen Brunnens, sondern auch aus der Tiefe ihrer Seelen.

Reflexion

Die Geschichte von Meister Kaito und dem jungen Yori bietet uns einen erleuchtenden Einblick in die Bedeutung der Verbindung mit unserer inneren Quelle. Kaito, mit seiner täglichen Routine, Wasser aus dem Brunnen zu schöpfen, verrichtete nicht nur eine physische Aufgabe. Er vollführte vielmehr eine Tat der Selbstreflexion, ein Ritual, das es ihm ermöglichte, in die Tiefen seines Wesens einzutauchen.

Und Sie? Haben Sie jemals Ihre "inneren Brunnen" identifiziert, aus denen Sie schöpfen können? Es sind Momente, die vielleicht einfach oder trivial erscheinen könnten: ein Buch lesen, in der Natur spazieren gehen, oder auch in Stille meditieren. Es sind diese Augenblicke, die es Ihnen ermöglichen, die Ablenkungen der Außenwelt beiseite zu legen und sich auf das zu konzentrieren, was wirklich wichtig ist.

Kaito lehrt uns, dass jedes Mal, wenn wir uns entscheiden, den "Eimer" in unsere innere Quelle hinabzulassen, wir Weisheit, Erkenntnis und Frieden schöpfen. Aber wie können Sie, im Trubel des Alltags, aus Ihrer inneren Quelle schöpfen? Haben Sie sich jemals die Zeit genommen, in Ihren "Brunnen" einzutauchen, sorgfältig zuzuhören, was aus diesen verborgenen Tiefen auftaucht?

Ein Vorschlag wäre, sich Zeit für Selbstreflexion zu nehmen. Das könnte durch Meditation, Tagebuchschreiben oder einfach durch eine Pause während des Tages zum Nachdenken geschehen. Solche Aktivitäten sind keine Luxusgüter, sondern eine Notwendigkeit für jeden, der sich auf einer tieferen Ebene verstehen möchte.

Die Geschichte endet mit einer weiteren grundlegenden Lehre: Weisheit ist wie das Wasser in einem Fluss; sie zieht nur Nährstoffe, wenn sie fließt. Also, geben Sie sich die Gelegenheit, Ihre Weisheit mit anderen zu teilen? Oder verschließen Sie sich, indem Sie alles für sich behalten?

Yori, erleuchtet durch die Weisheit Kaitos, entdeckt, dass der wahre Wert des Wissens nicht nur im Erwerb, sondern auch im Teilen liegt. Vergessen Sie nicht, dass Ihr persönliches Wachstum nicht nur eine einsame Reise ist, sondern ein Weg, der, wenn geteilt, auch anderen ihre Wege erleuchten kann.

Denken Sie daran, Ihr "innerer Brunnen" ist eine unerschöpfliche Quelle der Weisheit und des Verständnisses. Jedes Mal, wenn Sie daraus schöpfen, nähren Sie sich nicht nur selbst, sondern haben auch die Gelegenheit, die um Sie herum zu nähren.

III
Positiv Denken

Die Kraft des Positiv Denkens

23.
Die Wolke und der Sonnenstrahl:
Über die Negativität hinweg

In einem Dorf, eingebettet in die Falten eines Tals, wo die Kirschblüten eine süße Duftnote in die Luft streuten, lebte ein Mönch namens Anzu, bekannt für seine Gelassenheit und Weisheit. Eines Morgens bedeckte eine schwere graue Wolke den Himmel, wie ein dunkler Schleier, der ein kostbares Gemälde verbirgt. Einer inneren Eingebung folgend, beschloss Anzu, sich auf einen grünen und üppigen Hügel zurückzuziehen, der das Kloster und das ganze Dorf überragte. Die Wolken schienen fast greifbar, als wollten sie die darunterliegende Lebenskraft ersticken.

Langsam, aber entschlossen erreichte Anzu den Gipfel; der Wind streichelte seine Gewänder wie ein alter Freund. Seine hölzernen Sandalen, abgenutzt von der Zeit, waren stille Zeugen der vielen Wege, die er auf der Reise des Lebens beschritten hatte. Er hielt inne und betrachtete die Aussicht: Das Dorf war in einen Schleier aus Wolken gehüllt, als ob es unter einer Decke der Traurigkeit schlummerte.

"Viele halten inne, um diese Wolken zu betrachten, und denken, die Sonne sei verloren", sinnierte Anzu, seine Augen durchsuchten den Horizont, als suchten sie eine verborgene Wahrheit. "Aber die Wolke, so undurchdringlich sie auch scheinen mag, ist nur ein vorübergehender Schleier. Die Sonne ist immer da, hinter dem Vorhang, wartend auf ihren Moment, die Welt zu erleuchten."

Mit diesen Worten setzte sich Anzu sanft auf das weiche Gras, schlug die Beine übereinander und schloss die Augen. Sein Atem wurde zu einem fließenden Fluss des Bewusstseins, während sein Geist sich von den Spinnweben unnützer Gedanken befreite. Und genau in diesem Moment, als ob das Universum sein stilles Gebet erhört hätte, durchbrach ein Sonnenstrahl die Barriere der Wolken und erleuchtete sein Gesicht wie ein göttlicher Segen.

Ein Lächeln zeichnete sich auf Anzus Lippen ab. Er hatte verstanden, dass Negativität wie eine Wolke ist: Sie kann unsere Sicht trüben, aber nicht das innere Licht, das jeder von uns besitzt, vollständig verdunkeln. "In den Falten der Dunkelheit leuchtet die Sonne unserer Essenz ewig. Manchmal bedarf es nur eines Moments des bewussten Daseins, um sie hervorzubringen."

Als er ins Kloster zurückkehrte, strahlte sein Gesicht eine Leuchtkraft aus, die nicht unbemerkt bleiben konnte. Versammelt im Meditationsraum, lauschten die Mönche gebannt, während Anzu seine Erleuchtung teilte. "Freunde, lasst nicht zu, dass die Wolken der Angst, des Zweifels oder der Traurigkeit das Licht eures Bewusstseins verdunkeln. Denkt daran, die Sonne ist immer da, bereit zu strahlen. Manchmal müssen wir nur unsere Perspektive verschieben, und der Himmel wird sich klären."

Die Botschaft von Anzu hallte in jedem Herzen nach wie eine ewige Melodie und ließ alle ein wenig leichter, ein wenig heller zurück, als hätten die Wolken in ihnen endlich Platz für das Licht gemacht.

Reflexion

Haben Sie sich jemals dabei erwischt, wie Sie einen bedeckten Himmel anstarren und sich fragen, ob die Sonne jemals wieder scheinen wird?

Die Geschichte des Mönchs Anzu ist eine faszinierende Metapher, die genau das anspricht. Sie erforscht, wie positives Denken zusammen mit bewusster Anwesenheit eine mächtige Linse sein kann, durch die man das Leben betrachtet.

Ich lade Sie ein, einen Moment innezuhalten und nachzudenken: Wie reagieren Sie, wenn sich Negativität über Ihr Leben zu legen scheint?

Sind Sie wie das Dorf, eingehüllt in einen Nebel aus Wolken, oder finden Sie einen Weg, jenen Hügel zu erreichen, von dem aus Sie die Aussicht mit neuen Augen betrachten können?

Wenn Anzu den Hügel erklimmt, sucht er nicht nur einen Ort, von dem aus er besser sehen kann; er sucht eine neue Perspektive.

Ist es Ihnen schon einmal passiert, dass Sie sich von Ereignissen oder Gedanken so überwältigt fühlten, dass Sie den Überblick über Ihre Prioritäten verloren haben?

Manchmal ist alles, was benötigt wird, ein Perspektivwechsel. Anzu leugnet die Existenz der Wolken nicht, aber er erkennt, dass sie nur ein vorübergehender Schleier sind. Ist das nicht eine mächtige Botschaft für uns alle, die manchmal in der Unmittelbarkeit ihrer Probleme gefangen sind?

Anzu erinnert uns auch an die Bedeutung des Bewusstseins. Er setzt sich hin und atmet, befreit seinen Geist von den unnützen Gedanken, die ihn verdunkeln könnten. Es ist ein Moment, der die Kraft des Hier und Jetzt hervorhebt.

Wann haben Sie sich das letzte Mal erlaubt, vollkommen präsent zu sein, Ihren Gedanken und Emotionen zu erlauben zu fließen wie ein Fluss, ohne zu versuchen, den Strom zu halten oder zu ändern?

Anzu zeigt uns, dass es oft gerade dieser Zustand des bewussten Daseins ist, durch den wir unser inneres Licht hervorbringen können.

Die Geschichte endet mit einer Botschaft der Hoffnung und Ermutigung, nicht nur für die Mönche des Klosters, sondern für jeden, der liest oder zuhört.

Anzu wird zu einem Leuchtturm des Lichts und erhellt andere mit seiner Weisheit.

Und Sie, sind Sie bereit, ein Leuchtfeuer in Ihrer Gemeinschaft zu werden? Erinnern Sie sich, Ihr inneres Licht ist immer bereit zu strahlen, auch wenn es vorübergehend von Wolken des Zweifels oder der Angst verdunkelt wird. Manchmal ist alles, was benötigt wird, eine kleine Veränderung der Perspektive, damit dieses Licht in vollem Glanz erstrahlen kann.

Also, lieber Leser, werden Sie wie das Dorf sein und warten, dass die Wolken sich von selbst verziehen, oder werden Sie dem Beispiel von Anzu folgen, aktiv nach einer neuen Perspektive suchen und einen Weg finden, Ihr inneres Licht strahlen zu lassen?

Die Wahl, wie immer, liegt ganz bei Ihnen.

24.
Der verborgene Schatz:
Den eigenen Wert erkennen

In einer besonders strengen Jahreszeit, als die Blätter der Bäume herbstliche Farbtöne annahmen und der Wind die ersten Zeichen des Winters zu flüstern begann, beschloss der Mönch Eiren, das Dorf zu einer besonderen Zeremonie ins Kloster einzuladen. Er bereitete den Zeremoniensaal mit großer Sorgfalt vor, stellte zarte Orangenblüten und duftende Räucherstäbchen auf. In der Mitte des Saals platzierte er die kleine Goldkiste, die er entdeckt hatte.

Als die Dorfbewohner ankamen, waren sie voller Neugier und spürbarer Vorfreude. Eiren trat auf ein kleines Podium und erzählte die Geschichte seiner Entdeckung der Goldkiste im Feld und betonte jedes Detail, wie das Gefühl der Erde unter seinen Fingern, das Glitzern des Goldes, das seinen Blick gefangen hatte, und das Staunen, das er im Moment der Entdeckung empfunden hatte.

"Dieser Schatz", sagte er und öffnete langsam die Kiste, um ein goldenes Licht zu enthüllen, das den gesamten Raum zu erleuchten schien, "ist ein Symbol. Es ist eine Erinnerung daran, dass jedes Feld, jedes Herz und jede Seele einen verborgenen Schatz haben. Ein Schatz, der nicht immer sichtbar ist, der möglicherweise gesucht und bewusst entdeckt werden muss."

Er machte eine Pause und blickte jedem Anwesenden in die Augen, als wollte er ihre Seelen lesen. "Genauso", fuhr er mit tieferer Stimme fort, "ist jeder von Ihnen ein fruchtbares Feld der Möglichkeiten.

Unter den täglichen Sorgen, Herausforderungen und Momenten des Zweifels gibt es einen unschätzbaren Vorrat an Talent, Liebe, Weisheit und ja, auch an Magie. Sie sind alle wertvoll, jeder auf seine eigene Art und Weise."

Eiren entnahm der Kiste einen kleinen Edelstein für jede Person und übergab ihn jedem der Anwesenden mit einem Lächeln und einer Geste der Ermutigung. "Tragen Sie diesen Stein als Erinnerung", sagte er. "Als Symbol für den Schatz, den Sie in sich haben. Und lassen Sie niemanden, nicht einmal sich selbst, vergessen, wie wertvoll Sie sind."

Viele verließen das Kloster an diesem Abend mit feuchten Augen, aber vollen Herzen. Die Geschichte und die Zeremonie wurden zur Legende im Dorf, aber mehr als das, begann jeder, sich selbst und die anderen mit neuen Augen zu sehen. Ein weit verbreitetes Gefühl der Selbstachtung und gegenseitigen Achtung begann zu blühen, als hätte Eiren einen goldenen Samen in die Seele jedes Dorfbewohners gepflanzt. Und so wurde der verborgene Schatz im Feld zu einem geteilten Schatz, zu einer wertvollen Lektion, die nicht nur das Leben des weisen Mönchs, sondern einer ganzen Gemeinschaft bereicherte.

Reflexion

In dieser süßen und bedeutungsvollen Zen-Geschichte können wir viele entscheidende Elemente im Zusammenhang mit Ihrer Selbstbewertung und Ihrem Selbstwert erkennen. Haben Sie sich jemals die Zeit genommen, darüber nachzudenken, welche Schätze Ihr "inneres Feld" verbergen könnte?

Inmitten des Trubels des Lebens, der Verantwortungen und Sorgen, könnte es leicht sein zu vergessen, dass es Sie gibt, mit all Ihrem inhärenten Wert. Aber genau wie das Feld, in dem der Mönch Eiren die Goldkiste entdeckt hat, haben auch Sie einen unschätzbaren Schatz in sich. Er ist möglicherweise nicht sofort sichtbar, er könnte unter Schichten von Zweifeln, Ängsten oder Unsicherheiten begraben sein, aber er ist da.

In der Erzählung verteilt Eiren einen Edelstein an jeden Dorfbewohner als Erinnerung an den inneren Schatz, den jeder von uns besitzt. Wie die Dorfbewohner in der Geschichte haben auch Sie ein einzigartiges Licht, ein Talent und eine Weisheit, die Ihnen eigen sind.

Welcher Edelstein wohnt in Ihrem Herzen? Und was hindert Sie daran, ihn zu erkennen?

Der Mönch nutzt eine Zeremonie, um den Dorfbewohnern zu verdeutlichen, wie wertvoll sie sind. Es ist ein Moment der Ruhe, eine Pause im Alltag, in dem die Menschen zu einem tieferen Bewusstsein geführt werden.

Haben Sie sich jemals einen ähnlichen Raum gegönnt? Einen Moment der Stille, um tief in sich selbst zu graben, um Ihren Wert zu erkennen und zu ehren?

In diesem Raum können Sie auch eine symbolische Geste ausführen: Wählen Sie einen Gegenstand, der Sie repräsentiert, der Sie daran erinnert, wie wertvoll Sie sind. Tragen Sie ihn bei sich, und jedes Mal, wenn Sie ihn berühren oder sehen, lassen Sie ihn Sie an dieses Bewusstsein erinnern.

Eiren beschränkt sich nicht auf die bloße Offenbarung des Schatzes; er geht weiter, indem er seine symbolische Bedeutung mit der ganzen Gemeinschaft teilt und sie so bereichert.

Haben Sie jemals darüber nachgedacht, dass das Erkennen Ihres Werts nicht nur Ihr Leben verbessern, sondern auch das der Menschen um Sie herum verbessern könnte?

Wenn Sie leuchten, wenn Sie sich erlauben, authentisch Sie selbst zu sein, werden Sie zu einem Leuchtturm für andere. Ihr Licht, das Sie erkennen und ehren, ermöglicht es anderen Menschen, dasselbe zu tun. Eirens Zeremonie hat eine Welle der Selbstachtung und gegenseitigen Achtung ausgelöst. Stellen Sie sich vor, welche Kraft eine solche Anerkennung in Ihrer persönlichen und beruflichen Welt haben könnte.

In der Geschichte wird die Entdeckung des Schatzes zu einer wertvollen Lektion, die eine ganze Gemeinschaft bereichert.

Was wäre, wenn Ihr innerer Schatz die Macht hätte, dasselbe zu tun?

Was wäre, wenn der bloße Akt des Erkennens und Ehrens Ihres Werts andere inspirieren könnte, dasselbe zu tun?

Diese Zen-Geschichte lädt Sie ein, über das Äußere hinauszublicken, über die Herausforderungen und Momente des Zweifels hinweg, und den Schatz zu erkennen, der in Ihnen liegt. Lassen Sie niemanden, nicht einmal sich selbst, vergessen, wie wertvoll Sie sind.

25.
Die Goldene Brücke:
Träume und Realität mit positivem Denken verbinden

Es gab etwas Außergewöhnliches in dem Tal, das zwischen zwei üppigen Hügeln eingebettet war, eine Energie, die vom Gewicht unerfüllter Träume verschärft wurde. Die Bewohner des nahen gelegenen Dorfes hielten oft an seinem Rand an, um die metaphorische und physische Distanz zu betrachten, die das Leben, das sie führten, von dem Leben trennte, das sie sich wünschten. Jiro, ein Mönch mit grauem Bart und Augen, die wie Sterne funkelten, bemerkte diese kollektive Melancholie. Während er durch das hohe Gras und die wilden Blumen des Tals schlenderte, reflektierte er über die scheinbar unüberbrückbare Kluft.

"Wenn es doch nur eine Möglichkeit gäbe, diese beiden Welten zu vereinen", dachte Jiro, sein Gesicht zum Himmel gerichtet, als suchte er eine Antwort in den Wolken. In diesem Moment durchzuckte ihn eine funkelnde Idee, so kühn wie einfach: eine Brücke.

Aber nicht irgendeine Brücke aus Stein und Holz. Jiro stellte sich eine goldene Brücke vor, stark und leuchtend, widerstandsfähig gegen die schlimmsten Unwetter und glänzend unter der Wärme der Sonne. Diese Vision durchdrang ihn so tief, dass er fast die Wärme unter seinen nackten Füßen spüren konnte.

Mit diesem brennenden Traum bewaffnet, kehrte Jiro ins Kloster zurück, erzählte seinen Mönchsbrüdern von seiner Vision und begann, die notwendigen Materialien zu sammeln. Er wählte das widerstandsfähigste Holz für die Struktur und die solidesten Steine für das Fundament. Aber der letzte Schliff sollte eine leichte Vergoldung sein, ein Symbol für die Kraft des positiven Denkens.

Wochen, die endlos erschienen, arbeitete Jiro von Sonnenaufgang bis Sonnenuntergang. Während er hämmerte, schnitt und zusammenbaute, war er nicht allein. Seine Mönchsbrüder und einige Dorfbewohner, inspiriert von seiner unerschütterlichen Hingabe, schlossen sich ihm an. Aber es waren nicht nur die Hände, die die Brücke bauten; es war die Energie des positiven Denkens, die jede Handlung zu speisen schien und die Arbeit nicht nur möglich, sondern fast wundersam machte.

Und schließlich, an einem Tag, der wie jeder andere schien, aber für Generationen in Erinnerung bleiben würde, war die Brücke fertiggestellt. Ihre goldenen Balken glänzten in der Sonne und schufen einen leuchtenden Weg über das Tal. Jiro, der in der Mitte seines Meisterwerks stand, fühlte eine Welle der Dankbarkeit und Erfüllung.

Bald verbreitete sich die Nachricht von der Goldenen Brücke wie ein Lauffeuer im trockenen Wald des Sommers. Reisende begannen, sich am Ort zu versammeln, gingen mit unsicheren Schritten über die Brücke, um sich auf der anderen Seite mit Ausdrücken reiner Verwunderung auf ihren Gesichtern wiederzufinden.

"Seht," sagte Jiro, als er die Menschen um sich versammelte, während die Strahlen der untergehenden Sonne auf den goldenen Balken tanzten, "wenn wir das positive Denken leiten lassen, sind unsere Träume nicht länger von unserer Realität getrennt. Sie sind wie die Enden dieser Brücke, die sich jetzt in einem herrlichen Bogen über die Herausforderungen des Lebens vereinen."

Jiro wusste, dass die Brücke nicht nur ein physisches Bauwerk war; sie war ein Symbol. Ein Denkmal für die Macht des positiven Denkens, für die menschliche Fähigkeit, Hindernisse in Chancen umzuwandeln, das Getrennte zu verbinden und das innere Licht auch in den dunkelsten Ecken des Daseins leuchten zu lassen.

So wurde die Goldene Brücke nicht nur zu einem physischen Durchgang, sondern auch zu einem spirituellen Pfad, einem Weg für Herz und Seele. Ein ewiges Zeugnis dessen, was möglich ist, wenn wir unseren Gedanken erlauben, wie Gold zu sein: kostbar, rein und unendlich fähig, Träume und Realität zu verbinden.

Reflexion

Wie interpretieren wir die Geschichte "Die Goldene Brücke"? Diese Zen-Erzählung ist eine Reise durch das Potenzial des positiven Denkens, eine Lektion, die von Jiro und seinem goldenen Meisterwerk verkörpert wird.

Ich lade Sie ein, einen Moment innezuhalten und über Ihr persönliches Tal nachzudenken, über die Kluft zwischen dem Leben, das Sie führen, und dem Leben, das Sie sich wünschen.

Kam Ihnen das jemals unüberwindbar vor?

Das Tal in der Geschichte symbolisiert die Herausforderungen, Ängste und Zweifel, denen wir alle gegenüberstehen. Es ist diese Entfernung zwischen "was ist" und "was sein könnte". Auch Sie haben diesen Raum schon einmal betreten, nicht wahr? Doch haben Sie jemals darüber nachgedacht, wie eine Brücke aussehen könnte, die diese beiden Welten verbindet?

Jiro, in seiner Weisheit, hat keine gewöhnliche Brücke gebaut; er hat eine Goldene Brücke errichtet, getragen von der Kraft des positiven Denkens. Die Wahl des Goldes ist kein Zufall. Es ist ein kostbares und widerstandsfähiges Metall, genau wie die positiven Gedanken, die Ihre Rüstung gegen die Unbilden des Lebens sein können.

Haben Sie jemals darüber nachgedacht, welche Materialien Sie verwenden würden, um Ihre persönliche Brücke zu bauen?

Das Außergewöhnlichste an der Geschichte ist vielleicht die Gemeinschaft, die sich um Jiro versammelt. Die Kraft des positiven Denkens ist nicht nur ein persönlicher Weg, sondern ein kollektiver. Ebenso können Ihre positiven Gedanken nicht nur Sie selbst erhöhen, sondern auch andere inspirieren, das Gleiche zu tun.

Wer in Ihrem Leben könnte sich Ihnen anschließen, um Ihre Goldene Brücke zu bauen?

Die zentrale Botschaft ist klar: Positives Denken ist nicht nur oberflächlicher Optimismus. Es ist eine aktive Kraft, die in der Lage ist, die Realität zu transformieren.

Und die Verwirklichung der Brücke? Es ist die Materialisierung des menschlichen Potenzials, die Verkörperung der Möglichkeit.

Wann haben Sie sich das letzte Mal erlaubt, Ihre Gedanken wie Gold sein zu lassen: kostbar, rein und verbindend?

Die Goldene Brücke ist mehr als eine physische Struktur; es ist ein spiritueller Pfad, eine Brücke zwischen Herz und Seele.

Also, welche Goldene Brücke warten Sie darauf, in Ihrem Leben zu bauen?

Die Geschichte von Jiro lädt Sie ein, den Hammer und die Nägel des positiven Denkens zu ergreifen und sich an die Arbeit zu machen. Denn letztlich ist es nicht die Brücke, die Sie auf die andere Seite des Tals bringt, sondern die innere Kraft, die es Ihnen ermöglicht, sie zu bauen.

26.
Der Fluss der Hoffnung:
Optimismus in schwierigen Zeiten bewahren

In einer abgelegenen Region, wo die Berge den Himmel umarmten und Blumen die Wiesen wie Seidenteppiche färbten, gab es ein Dorf, bekannt für seine Ruhe und Weisheit. Im Herzen dieser Gemeinschaft lebte Kaito, ein Mönch, dessen Herz genauso groß war wie seine Statur.

Doch zu dieser Zeit durchlebte das Dorf eine schreckliche Phase. Unaufhörlich fielen sintflutartige Regenfälle vom Himmel, überschwemmten die Felder und zerstörten die Ernten. Die einst glücklichen und zielstrebigen Dorfbewohner schienen nun besiegt, ihre Gesichter überschattet von Verzweiflung. Und auch Kaito, trotz seines positiven Geistes, spürte die Last der schwierigen Zeit.

Eines Morgens beschloss Kaito, einen Spaziergang zu machen, um nachzudenken. Der Fluss, der einst ruhig und friedlich neben dem Dorf floss, war zu einem Tumult dunkler und aufgewühlter Gewässer geworden. Vor dem Fluss stehend, sah Kaito in seinem Fluss ein Symbol für die Herausforderungen, denen er und die gesamte Gemeinschaft gegenüberstanden.

"Ich bin wie dieser Fluss", dachte Kaito. "Wenn ich in die Dunkelheit des Pessimismus falle, wie kann ich dann hoffen, die Schwierigkeiten des Lebens zu durchqueren?"

Aber gerade in diesem Moment kam ihm eine alte Lehre in den Sinn, wie ein Sonnenstrahl durch die Wolken: "Der Geist ist alles; was du denkst, wirst du." Es war ein Prinzip, das er immer nahe am Herzen gehalten hatte, aber jetzt schien es relevanter denn je.

Mit einem tiefen Atemzug schloss Kaito die Augen und begann über die Macht positiven Denkens zu meditieren. Er stellte sich vor, er wäre bereits auf der anderen Seite des Flusses, lächelnd und erfrischt, als hätte er gerade eine Perle der Weisheit in einer Schicksalsmuschel entdeckt. Er spürte die Hoffnung in sich fließen wie eine unaufhaltsame Strömung, die aus der Tiefe seines Seins strahlte.

Die Augen öffnend, sah Kaito den Fluss in einem neuen Licht. Ja, die Gewässer waren immer noch dunkel und aufgewühlt, aber jetzt sah er auch ein Potenzial für Veränderung und Wachstum. Mit einem Lächeln der Entschlossenheit zog er seine Sandalen aus und trat ins Wasser.

Die Strömungen waren stark, fast so, als ob die Natur selbst seine Entschlossenheit auf die Probe stellte. Aber Kaito wurde von etwas Stärkerem als den tumultartigen Gewässern getragen: der Kraft seines positiven Denkens und der bedingungslosen Hoffnung. Jeder Schritt, den er machte, schien von einer unsichtbaren Kraft geleitet zu werden, die ihn vorwärtstrieb und den Widerstand des Wassers überwand.

Schließlich, nachdem es wie eine Ewigkeit erschien, erreichte Kaito das andere Ufer. Und während er zurückblickte auf den Fluss, den er gerade überquert hatte, erkannte er, dass seine Reise mehr als nur eine physische Überquerung war; es war eine Reise des Geistes und der Seele.

Zurück im Dorf, teilte Kaito seine Erfahrung und die gewonnene Weisheit mit den anderen. Und seltsamerweise, obwohl sich die

Bedingungen nicht geändert hatten, schien sich etwas im Dorf zu verwandeln. Die Einwohner begannen, ihre Herausforderungen nicht mehr als unüberwindbare Hindernisse zu sehen, sondern als Gelegenheiten zu wachsen und zu lernen.

"Optimismus in schwierigen Zeiten zu bewahren ist keine Verleugnung", sagte Kaito zu seinen Freunden und Nachbarn, "sondern ein Akt des Mutes. Denn wenn wir in der Lage sind, das Licht auch in der Dunkelheit zu sehen, dann wissen wir, dass wir die wahre Macht des positiven Denkens gefunden haben."

So fingen die Menschen, obwohl die Regenfälle nicht sofort aufhörten und die Schwierigkeiten des Dorfes nicht in einem Augenblick verschwanden, an, etwas zu fühlen, das sie lange nicht gespürt hatten: HOFFNUNG.

Und für Kaito war dies der größte Schatz von allen, eine goldene Brücke, die die Herausforderungen der Gegenwart mit den Möglichkeiten der Zukunft verband.

Reflexion

Haben Sie sich jemals in einer Situation befunden, in der scheinbar alles schief geht und die Hoffnung das Letzte ist, was Ihnen bleibt?

Halten Sie einen Moment inne und fragen Sie sich: "Wenn ich in die Dunkelheit des Pessimismus falle, wie kann ich dann hoffen, die Schwierigkeiten des Lebens zu überwinden?"

Kaito, der Protagonist, repräsentiert jeden von uns in den Momenten, in denen uns das Leben auf die Probe stellt. Sein Dorf durchlebt eine schwierige Zeit, in der der einst ruhige Fluss zu einem Tumult dunkler Gewässer wird. Ähnlich kann das Leben stürmisch sein.

Aber wie Kaito haben Sie die Möglichkeit, innezuhalten und zu reflektieren: Definiert Sie die Dunkelheit des Augenblicks oder das Licht Ihrer Perspektive?

Die Macht der Geschichte liegt in der alten Lehre, die Kaito in den Sinn kommt: "Der Geist ist alles; was du denkst, wirst du." Wie Kaito können auch Sie auf dieses Prinzip zurückgreifen.

Es ist leicht, sich von der Umgebung oder den Umständen niederdrücken zu lassen, aber haben Sie jemals darüber nachgedacht, dass Ihr geistiger Zustand der Schlüssel zur Überwindung von Hindernissen sein könnte?

Eingetaucht in trübe Gewässer, findet Kaito Antrieb in der unsichtbaren Kraft des positiven Denkens. Es ist eine mächtige Erinnerung daran, dass trotz äußerer Widerstände Ihr innerer Gemützustand Ihnen die Kraft geben kann, alles zu überwinden.

Haben Sie sich jemals gefragt, wie mächtig Ihr positives Denken sein könnte, wenn Sie sich in aufgewühlten Gewässern befinden?

Ein weiterer entscheidender Punkt ist die Veränderung, die Kaito in seiner Gemeinschaft bewirkt. Manchmal kann Ihre Art, Herausforderungen zu begegnen, andere inspirieren, ihre Schwierigkeiten als Chancen zu sehen.

Wie oft sind Sie sich der Auswirkung bewusst, die Ihre Perspektive auf die Welt um Sie herum, haben kann?

Kaito lehrt uns, dass das Bewahren von Optimismus in schwierigen Zeiten keine Verleugnung, sondern eine mutige Tat ist. Es lädt Sie ein, über die scheinbare Dunkelheit Ihrer Probleme hinaus zu sehen und das Licht der Möglichkeiten und des Wachstums zu entdecken.

Finden Sie die Hoffnung in sich, genau wie Kaito?

Die Geschichte endet mit einer Note der Hoffnung, nicht nur für Kaito, sondern für sein ganzes Dorf.

Hier ist die Schönheit des positiven Denkens:

... es mag Ihre Umstände nicht sofort ändern, aber es verändert Sie. Und wenn Sie sich ändern, beginnen sich die Umstände um Sie herum auf subtile Weise zu wandeln...

Haben Sie jemals über die Macht der Hoffnung auf Ihrem Weg nachgedacht?

Letztendlich ist Kaitos Reise auch Ihre Reise. Ein Weg, der nicht nur physisch, sondern auch geistig und emotional ist. Die Hoffnung ist jene goldene Brücke, die Sie mit den unendlichen Möglichkeiten von morgen verbindet.

27.
Der Blumengarten:
Innere Freude kultivieren

Das Kloster von Haru, eingebettet in die hohen Gipfel der Berge, war ein Ort, der ein Gefühl von Frieden und tiefer Reflexion ausstrahlte. Es schien, als würde jeder Stein, jeder Grashalm, jeder Baum eine Geschichte von Harmonie mit dem Universum erzählen. Doch was alle Blicke auf sich zog, war Harus Garten, eine unerwartete Ecke des Paradieses, eine Explosion von Farben und Düften, die scheinbar die Natur der umgebenden Umwelt herausforderten.

Stellt euch ein lebendiges Kunstwerk vor, in dem Harus Pinsel die Blütenblätter aller Blumen malte, in dem jeder Hauch von Wind wie eine ätherische Melodie klang. Es war eine Oase des Lichts in einer Welt, die oft dunkel zu sein schien. Für jeden, der das Kloster besuchte, war klar, dass dieser Garten die externalisierte Seele von Haru war.

An einem Augustmorgen, als die aufgehende Sonne ihre ersten warmen Strahlen auf die heiligen Berge warf, nahm einer der Schüler des Klosters, ein junger Mann namens Tetsu, den Duft von Jasmin in der Luft wahr und beschloss, sich dem Meister zu nähern.

"Meister Haru", begann Tetsu, seine Worte voller Respekt und einer fast kindlichen Neugier, "dein Garten ist wie ein Tagtraum. Wie schaffst du es, solche Schönheit an einem so unwirtlichen Ort zu erschaffen?"

Haru, dessen runzelige Haut aus derselben Erde zu bestehen schien, die er kultivierte, legte seine hölzerne Gießkanne nieder und hob den Blick zu seinem jungen Schüler. Seine Augen leuchteten wie Sterne in einer klaren Nacht. "Ah, Tetsu, die Antwort ist einfacher, als du dir vorstellen kannst. Siehst du, jede Pflanze in diesem Garten ist wie ein

Gedanke in meinem Geist. Wenn ich die Wurzeln mit klarem Wasser übergieße, wenn ich den Boden mit reichhaltigem und organischem Kompost nähre, dann wachsen die Pflanzen stark und schön."

Tetsu schwieg einen Moment, absorbierte die Weisheit, die aus Harus Worten strömte. "Gibt es keine Unkräuter in diesem wunderbaren Garten? Keine unerwünschten Pflanzen, die versuchen, die anderen zu ersticken?"

Haru antwortete mit einem wissenden Lächeln. "Ah, die Unkräuter! Ja, sie existieren. Sie sind die Zweifel, die Ängste, die Hindernisse, denen wir auf dem Weg des Lebens begegnen. Aber wie ein erfahrener Gärtner erkenne ich sie, sobald ich sie sehe, für das, was sie sind, und ich reiße sie aus. Auf diese Weise mache ich Platz für neue Samen, neue Möglichkeiten und neue Errungenschaften."

Tetsu fühlte, als ob ein Schleier von seinem Verständnis gehoben wurde. "Also ist dein Garten ein Spiegel deines Geistes, eine Erweiterung dessen, wer du wirklich bist."

"Genau, mein junger Freund", sagte Haru, als er sich seinen Pflanzen zuwandte. "Wenn du den Garten deines Geistes mit der gleichen Sorgfalt und Aufmerksamkeit pflegst, wie du einen physischen Garten pflegst, dann kannst auch du in einer Welt leben, die ständig erblüht. So wirst du sehen, dass sowohl innerhalb als auch außerhalb von dir alles ein blühender Garten sein wird."

Mit dieser Offenbarung spürte Tetsu etwas in sich verändern, als hätte ein unsichtbarer Spross endlich das Sonnenlicht gefunden. Er dankte dem Meister und ging fort, doch Harus Worte hatten sich in ihm eingenistet wie Samen im fruchtbaren Boden seiner Seele, bereit, im Garten seiner Zukunft zu keimen und zu blühen.

Reflexion

Haben Sie sich jemals die Zeit genommen, über den Garten Ihres Geistes nachzudenken? Wie in einem echten Garten ist jeder Gedanke ein Samen, der das Potenzial hat zu keimen und zu blühen. Aber nicht alle Samen sind gleich, nicht wahr? Einige bringen strahlende Blumen hervor, während andere unerwünschtes Unkraut wachsen lassen. Wie gehen Sie mit diesen Samen um? Ernähren Sie manchmal negative Gedanken, die die schöneren Pflanzen ersticken lassen?

In der Geschichte von Haru und Tetsu ist der blühende Garten nicht nur eine äußere Landschaft; es ist auch eine tiefe Metapher für Harus

Geist. Jede Pflanze, jede Blume repräsentiert einen Gedanken, ein Gefühl oder eine Bestrebung, die sorgfältig kultiviert wurden.

Haben Sie sich je gefragt, wie man Gedanken und Emotionen kultivieren kann, die Freude, Frieden und Erfüllung bringen?

Haru lehrt uns eine lebenswichtige Lektion: Die Art und Weise, wie wir unseren inneren Garten pflegen, ist entscheidend für sein Gedeihen. Wie Haru seine Pflanzen bewässert und nährt, müssen wir dasselbe mit unseren Gedanken und Emotionen tun. Dies geht über einfaches "positives Denken" hinaus; es ist eine bewusste und fortwährende Handlung.

Haben Sie sich jemals die Zeit genommen, aktiv negative Gedanken "auszureißen" und neue positive Gedanken in Ihrem "geistigen Boden" zu "pflanzen"?

Was geschieht aber mit dem Unkraut, mit den unerwünschten Gedanken und Gefühlen, die unvermeidlich auftauchen? Haru zeigt uns, dass Erkennen und rechtzeitiges Handeln grundlegend sind. Das Ausreißen einer unerwünschten Pflanze ist nicht nur eine physische Aktion, sondern auch ein Akt der Liebe zum Garten als Ganzes. Ähnlich, wenn wir unsere Zweifel und Ängste bewusst angehen, machen wir einen wichtigen Schritt zur Kultivierung eines gesünderen und glücklicheren Geistes.

Wann haben Sie das letzte Mal Ihre negativen Gedanken und Gefühle erkannt und angesprochen, anstatt sie ungestört wachsen zu lassen?

Die letzte Offenbarung von Haru ist vielleicht die tiefgründigste: Die Außenwelt ist ein Spiegelbild unserer Innenwelt. Wenn unser innerer Garten blüht, werden wir diese Schönheit überall um uns herum widergespiegelt sehen. Dies ist nicht nur Optimismus, es ist ein Weg zu einem bewussteren und zentrierten Leben.

Also, welche Art von Samen werden Sie heute in den Garten Ihres Geistes pflanzen? Wie nähren Sie diesen Samen, damit er blüht und gedeiht?

Ich hoffe, Sie nehmen sich einen Moment Zeit, um über diese Fragen nachzudenken, und vielleicht entdecken Sie Ihren persönlichen blühenden Garten, einen Ort nicht nur ästhetischer Schönheit, sondern auch tiefer innerer Weisheit.

28.
Die Sternschnuppe:
Wünsche erfüllen durch positiven Willen

In einem Zen-Kloster, das auf einem Hügel verankert war, umgeben von alten, üppigen Wäldern, verbrachten die Mönche ihre Tage in Meditation und Studium. Die Hallen waren erfüllt vom Duft des Räucherwerks und dem Klang der Sutren-Gesänge. Doch in jener Nacht fühlte sich einer der Mönche, Jiro, unruhig. Es lag etwas in der Luft, ein fast greifbares Gefühl von Macht und Möglichkeit.

Während seine Brüder sich in ihre Zimmer für die abendliche Meditation zurückzogen, spürte Jiro den Ruf des Gartens draußen. Er ging durch die geschnitzten Holztüren, seine nackten Füße berührten den kalten Steinpfad, und er fand sich in einem Meer der Stille wieder. Jede Pflanze, jeder Baum schien in tiefer Meditation, als ob sie ein Geheimnis mit dem Universum teilten.

Mitten im Garten angekommen, hob Jiro den Blick zum Himmel. Die Sterne waren wie Juwelen, eingebettet in das schwarze Samttuch der Nacht. In diesem Moment glitt eine Sternschnuppe herab, durchbrach die himmlische Stille mit einer leuchtenden Spur. Wie ein Pinsel, getaucht in die Tinte der Ewigkeit, zeichnete sie einen leuchtenden Bogen über den Himmel.

Jiro blieb stehen, der Atem angehalten, das Herz offen. "Ein Zeichen", dachte er. "Eine Öffnung im Gefüge der Realität selbst." Mit einem tiefen Atemzug schloss er die Augen und wünschte sich etwas. Es war kein Wunsch nach materiellen Gütern oder persönlichem Erfolg, sondern ein Wunsch, der aus einem Ort reiner Liebe und positiven Willens kam: dass sein Kloster ein Leuchtturm des Lichts für verlorene Seelen werden möge, ein Heiligtum der Weisheit und Ruhe.

Als er die Augen wieder öffnete, fühlte sich Jiro, als wäre er von einer neuen Energie durchdrungen, als hätte die Sternschnuppe einen Funken ihres Lichts in die Tiefe seines Herzens gelegt. Er kehrte mit erneuerter Entschlossenheit ins Kloster zurück, das Gesicht erhellt von einem heiteren und strahlenden Lächeln.

In den Tagen und Wochen, die folgten, schien die Atmosphäre im Kloster verwandelt. Jiros Worte während der Unterweisungen wurden mächtiger, geladen mit einer Weisheit und einer Energie, die über das Gewöhnliche hinausgingen. Die jungen Schüler lauschten mit weit offenen Augen und Herzen, sie nahmen die Worte auf wie fruchtbarer Boden den Frühlingsregen.

Das Kloster begann, eine greifbare Energie der Ruhe und des Friedens auszustrahlen. Menschen aller sozialen Schichten und geografischer Herkunft begannen anzukommen, angezogen vom wachsenden Ruf des Klosters als Leuchtturm der Weisheit. Viele führten diese Veränderung auf die Anwesenheit von Jiro und seine Lehre zurück, doch wenn man ihn nach dem Geheimnis eines solchen Erfolgs fragte, lächelte Jiro bescheiden.

"Ich habe einfach einen Wunsch an die Sternschnuppe gerichtet", antwortete er. "Aber ein Wunsch ist nichts ohne das Engagement, ihn zu verwirklichen. Ich habe mit meinem ganzen Sein daran gearbeitet, ihn wahr werden zu lassen, und das sollte jeder tun, der einen Traum im Herzen trägt."

So wurde das Kloster ein Leuchtturm, nicht nur von physischem Licht, sondern auch von spiritueller Erleuchtung; ein Zufluchtsort, an dem Menschen ihren Weg im labyrinthischen Dschungel des Lebens wiederfinden konnten. Und all dies dank einer Sternschnuppe und der positiven Willenskraft eines Mönches, der wusste, dass Wünsche, genährt durch reine Handlungen und Absichten, tatsächlich Wirklichkeit werden können.

Reflexion

Jiro bietet uns eine tiefe Einsicht in die kombinierte Macht von Wünschen und zielgerichtetem Handeln.

Wie viele von uns haben eine Sternschnuppe am Himmel beobachtet und sich etwas gewünscht? Und wie viele dieser Wünsche blieben einfache Gedanken, bestimmt dazu, zu verblassen wie die Sternschnuppe selbst?

Aber betrachten Sie dies: Ein Wunsch ohne Handlung ist wie ein Samen ohne fruchtbaren Boden. Er mag das Potenzial haben, etwas Außergewöhnliches zu werden, aber ohne den richtigen Kontext wird er immer ein untätiger Samen bleiben. Jiro hat sich nicht nur etwas gewünscht; er hat mit seinem ganzen Sein daran gearbeitet, es zu verwirklichen.

Wie können Sie eine solche Entschlossenheit in ihrem Leben bringen?

Hatten Sie jemals das Gefühl an einem Ort oder in einem Moment Ihres Lebens zu sein, in dem Sie gefühlt haben, dass alle Möglichkeiten in Reichweite waren?

Jiro hat dieses Gefühl erkannt und entsprechend gehandelt, indem er seinem Wunsch Leben einhauchte, das Kloster zu einem Leuchtturm des Lichts für die verlorenen Seelen zu machen. Diese Geschichte lehrt uns, dass jeder Wunsch, unterstützt von einem positiven Willen und konkreten Handlungen, die Kraft hat, nicht nur das eigene Leben, sondern auch das anderer zu verwandeln.

Was hält Sie davon ab, Ihre tiefsten Wünsche zu verwirklichen? Vielleicht ist es die Angst vor dem Scheitern, oder vielleicht sind Sie in dem unerbittlichen Zyklus des Alltags gefangen, zu überwältigt von Verpflichtungen, um innezuhalten und die Sterne zu betrachten.

Dieser Moment ist eine Einladung, eine Pause zu machen, den Blick zum Himmel zu erheben und sich mit Ihren tiefsten Wünschen wieder zu verbinden.

Und sobald Sie Ihren Wunsch ausgedrückt haben, was tun Sie, um ihn zu verwirklichen?

Jenseits des Romantizismus eines unter dem Sternenhimmel ausgesprochenen Wunsches gibt es ein greifbares Engagement, das erforderlich ist, um jeden Wunsch Realität werden zu lassen. Wie Jiro, können Sie auch die Energie eines einfachen Wunsches in eine katalysierende Kraft verwandeln, die Ihre Umgebung verändert.

Haben Sie je darüber nachgedacht, welche kleinen Schritte Sie unternehmen könnten, um Ihre Wünsche Wirklichkeit werden zu lassen?

In der Geschichte hat Jiros Handeln eine Wellenwirkung, die weit über das Kloster hinausgeht und Menschen aus verschiedenen Teilen der Welt anzieht.

Und wenn jeder Ihre Wünsche die Kraft hätte, einen ähnlichen Effekt zu erzeugen, ein Leuchtturm für andere zu sein?

Die Botschaft ist klar: Wünsche, genährt von Handlungen und reinen Absichten, können tatsächlich Wirklichkeit werden. Vielleicht ist es an der Zeit, aufzuhören, Sternschnuppen als einfache astronomische Phänomene zu sehen und sie als Symbole unendlicher Möglichkeiten zu betrachten, bereit durch Ihren positiven Willen verwirklicht zu werden.

29.
Der unzugängliche Berg:
Hohe Ziele erreichen

Im ersten Licht der Morgendämmerung hielt der Mönch Akira inne, um den Unzugänglichen Berg zu betrachten, dessen Gipfel den Himmel zu durchstoßen schien wie ein Pfeil. Die Geschichten der alten Mönche, die behaupteten, der Berg sei unbezwingbar, hallten durch die Gänge des Klosters. Seine Unwegsamkeit war beinahe ein Mythos, ein Rätsel, das niemand je gelöst hatte. Doch an diesem Morgen fühlte sich Akira anders. Er hatte das Gefühl, dass der Berg, so fern und unerreichbar, ihn auf gewisse Weise rief.

"Wir sind aus derselben Substanz gemacht, du und ich", flüsterte Akira dem Berg zu, als spräche er zum Universum selbst. "Ich kann ihn erklimmen. Ich muss ihn erklimmen." Mit einem Sack, der nur das Nötigste enthielt, und einem Herzen voller Entschlossenheit, begann Akira seine Reise.

Im Hof des Klosters beobachteten die anderen Mönche Akira mit Unglauben und Bestürzung. "Er ist verrückt", murmelten sie untereinander. "Niemand hat je erreicht, was er vorhat." Doch Akira lächelte angesichts dieser Blicke und Kommentare. Jeder zweifelnde Blick, jedes skeptische Seufzen wurden für ihn zu Treibstoff, positiver Energie, die seine Entschlossenheit nährte.

Der Aufstieg war mühsam, so wie es die Legenden vorhergesagt hatten. Sturzfluten peitschten ihn, stürmische Winde versuchten, ihn von den Felswänden zu reißen, und es gab Momente, in denen der Weg wirklich unüberwindlich schien. An den steilsten Hängen erschien jeder errungene Zentimeter wie ein Wunder. Und doch fand Akira mit jeder Herausforderung neue Kraftreserven. "Ich bin fähig", sagte er sich immer wieder. "Der Berg und ich sind eins. Wenn ich ihm nachgebe, gebe ich mich selbst auf."

In Momenten größten Unbehagens, wenn die Muskeln vor Müdigkeit schrien und jede Faser seines Seins "Kehre um!" zu schreien schien, schloss Akira die Augen und stellte sich den Gipfel vor. Dort, im Palast seines Geistes, konnte er sich selbst dabei sehen, den unzugänglichen Gipfel zu erreichen, und dieser Gedanke machte ihn unbesiegbar.

Schließlich, nachdem seine Reise wie ein Leben voller Anstrengungen erschien, machte Akira den letzten Schritt zum Gipfel. Eine heilige Stille begrüßte ihn, und die Welt schien sich unter ihm auszubreiten wie ein Mantel unendlicher Möglichkeiten.

Akira wusste, dass er in diesem Moment mehr als nur einen Berg erklommen hatte: Er hatte die Tiefen seines Seins erklommen und war siegreich hervorgegangen.

Bei seiner Rückkehr ins Kloster wurde Akira anders empfangen. Die zweifelnden Blicke waren von Respekt und Bewunderung abgelöst worden. Er hatte nicht nur den Unzugänglichen Berg erobert; er hatte die Geister derer erobert, die an ihm und an der Kraft der Seele zweifelten.

In Akira sahen sie nun eine lebendige Verkörperung der Kraft des positiven Denkens und der menschlichen Zähigkeit.

Mit Demut und Anmut teilte Akira seine Erfahrungen und betonte, dass jeder von ihnen einen "Unzugänglichen Berg" in sich trage. "Die wahre Eroberung", sagte er, "ist nicht das Erreichen des Gipfels, sondern der Weg, der dorthin führt. Und es ist ein Weg, der mit einem einzigen Schritt beginnt, genährt vom Glauben an das, was möglich ist."

Von diesem Moment an war das Kloster nicht mehr dasselbe. Akira wurde zur lebenden Legende, einem greifbaren Symbol der Macht, die in jedem von uns wohnt, wenn wir es wagen zu glauben, zu versuchen und vor allem, positiv zu sein.

Reflexion

Die Geschichte von Akira und dem Unzugänglichen Berg ist eine wirksame und mächtige Metapher für die innere Reise, die jeder von uns unternimmt, wenn wir uns scheinbar unerreichbare Ziele setzen.

Ist es nicht wahr, dass jeder von uns einen "Unzugänglichen Berg" tief in seinem Herzen hat? Einen Wunsch oder ein Ziel, das so fern und unerreichbar erscheint, dass es uns mit seiner bloßen Vorstellung lähmt?

Akira nimmt seinen Weg mit Entschlossenheit in Angriff, verwandelt jeden Zweifel und Skeptizismus in Treibstoff, der seine Entschlossenheit nährt.

Und Sie? Wie gehen Sie mit den Zweifeln und der Skepsis um, die Sie umgeben? Haben Sie schon einmal daran gedacht, dass diese in eine positive Kraft umgewandelt werden können, die Ihren Willen stärkt?

Akira begegnet Herausforderungen, die unüberwindbar erscheinen. Sturzfluten, stürmische Winde und Momente extremen körperlichen und geistigen Unbehagens. Doch in jeder Situation findet er neue Kraftreserven. Der Schlüssel zu seinem Erfolg? Unerschütterliches positives Denken und eine mentale Vision seines Ziels.

Haben Sie, wenn Sie auf die Probe gestellt werden, schon einmal versucht, Ihre Augen zu schließen und sich Ihr erreichtes Ziel lebhaft vorzustellen? Die Kraft einer positiven Vision kann die Realität auf wundersame Weise verändern.

Akira schließt seine Reise mit einer Weisheit ab, die über die einfache physische Eroberung des Berges hinausgeht. Er betont, dass die wahre Eroberung nicht der Berggipfel ist, sondern der Weg, der dorthin führt. Das Gleiche gilt für Sie. Nicht das Erreichen des Endziels ist wichtig, sondern die Person, die Sie durch den Prozess des Kampfes um dieses Ziel werden.

Auf einer tieferen Ebene veranschaulicht Akira die Wichtigkeit der Resilienz, des Selbstvertrauens und des Glaubens an die eigenen Fähigkeiten Haben Sie sich schon einmal gefragt, ob Sie Ihre Fähigkeiten wirklich verbessern können, wenn Sie nur fest an sich selbst glauben?

Akira erobert nicht nur einen Berg; er erobert sich selbst und sein unausgeschöpftes Potenzial.

Schließlich denke Sie darüber nach: Akiras Geschichte verwandelt auch die Gemeinschaft um ihn herum. Sein Erfolg wird zum Leuchtfeuer der Möglichkeiten für andere. So ist es auch bei Ihnen. Ihre persönlichen Erfolge haben die Kraft, die Menschen um Sie herum positiv zu beeinflussen und als Inspiration und Demonstration dessen zu dienen, was wirklich möglich ist, wenn wir glauben, versuchen und vor allem positiv sind.

Lassen Sie nicht zu, dass Ihr "Unzugänglicher Berg" eine uneinnehmbare Bestimmung bleibt.

Tuen Sie diesen ersten, grundlegenden Schritt.

30.
Licht in der Dunkelheit:
Auch in schwierigen Situationen das Positive finden

An einem kalten Wintertag stand der Mönch Tenzin vor dem Eingang dieser dunklen Höhle, einer Höhle, deren schrecklicher Ruf von Generation zu Generation in seinem Dorf überliefert wurde. Der bleierne Himmel schien einen Sturm zu verheißen, als ob auch die Natur betonen wollte, wie melancholisch dieser dunkle Ort war. Aber Tenzin, ein Mann mit grauem Bart und durchdringenden Augen, wusste, dass die Angst oft aus Unwissenheit entstand. Er hatte genug über die Natur des Menschen und des Universums meditiert, um zu verstehen, dass selbst in der tiefsten Dunkelheit immer ein Licht existierte, auch wenn es klein war und darauf wartete, entdeckt zu werden.

Bevor er die Schwelle der Höhle betrat, blieb Tenzin stehen und konzentrierte sich, spürte den festen Boden unter seinen Füßen und die kalte Luft in seinem Gesicht. Mit einer gewissen Feierlichkeit zündete er eine kleine Kerze aus Bienenwachs an. Die flackernde Flamme schien im Rhythmus seines ruhigen und gleichmäßigen Atems zu tanzen. Diese kleine Lichtquelle wurde seine Laterne, und mit ihr in der Hand trat er in die Dunkelheit ein.

Im Inneren schienen alle Empfindungen übertrieben zu sein. Das Tropfen von Wassertropfen von den Stalaktiten schien sich in einen rhythmischen Trommelwirbel zu verwandeln, und jeder Windhauch aus versteckten Ecken schien ein düsterer Schrei zu sein. Aber jedes Mal, wenn sein Blick auf die Kerze fiel, schien sie ihm fast zu flüstern: "Geh weiter, Tenzin, das Licht ist auch in der Dunkelheit. Es gibt eine größere Intelligenz, die alles verbindet, und du bist auf dem richtigen Weg."

Während er vorsichtig voranschritt, bemerkte Tenzin, dass sich die Höhle veränderte. Der Weg wurde immer komplizierter, wie die Irrwege des menschlichen Geistes, mit Sackgassen und plötzlich auftauchenden Geheimgängen. In einem solchen Moment der Unsicherheit ließ ihn ein versteinerter Stein stolpern, und die Kerze glitt aus seiner Hand und erlosch augenblicklich auf ihrem Weg zum Boden.

In völliger Dunkelheit gehüllt, versuchte die Panik, ihn wie eine dunkle Wolke zu umgeben. Aber dann schloss Tenzin die Augen und erinnerte sich an die Lehren über Achtsamkeit, Selbstreflexion und positives Denken.

Er dachte: "Die Kerze ist erloschen, aber das wahre Licht ist auch in mir." Diese Erkenntnis befreite ihn, und mit zitternden Händen gelang es ihm, die Kerze wieder anzuzünden.

Die Flamme schien jetzt heller zu sein, als wäre sie von seiner wiedergewonnenen Zuversicht und Entschlossenheit genährt. Er setzte seinen Weg fort, und nach endlosen Stunden sah er schließlich einen Lichtschein in der Ferne. Als er die Höhle verließ, fand er sich an einem Ort von unbeschreiblicher Schönheit wieder, einem geheimen blühenden Garten, der vor der Welt wie ein unschätzbarer Schatz verborgen war.

Diese Entdeckung erleuchtete sein Herz. Tenzin erkannte, dass die gefürchtete und dunkle Höhle ein Durchgang zu etwas Wunderbarem war, genauso wie die Schwierigkeiten des Lebens. Als er ins Kloster zurückkehrte, teilte er seine Erfahrung mit den anderen Mönchen, und der geheime Garten wurde zu einem heiligen Ort der Meditation. Von diesem Tag an war die Höhle kein Ort mehr, den man mied, sondern ein Weg zu einem neuen Verständnis, ein Licht in der Dunkelheit, das jeder suchen konnte. So lernte das Dorf, dass es selbst in den dunkelsten Momenten immer einen Ausweg, einen Lichtschein gab, für diejenigen, die bereit waren, danach zu suchen.

Reflexion

Die Reise des Mönchs Tenzin in die dunkle Höhle symbolisiert die Reise, die jeder von Ihnen im Leben unternimmt: die Reise durch Schwierigkeiten, Unsicherheiten und Ängste, die unausweichlich Ihren Weg kreuzen. Haben Sie sich jemals gefragt, warum es scheint, dass in Ihren persönlichen "Höhlen" jeder Klang verstärkt wird, jede Angst betont wird?

Tenzin betrat die Höhle mit einer kleinen Kerze, einem Leitstern aus Licht und Hoffnung. Es unterscheidet sich nicht wesentlich von der Art und Weise, wie Sie kleine Funken der Positivität und Hoffnung mit sich tragen, wenn Sie Ihre Herausforderungen bewältigen.

Diese Funken könnten ein ermutigender Gedanke, eine glückliche Erinnerung oder ein motivierender Satz sein.

Aber was passiert, wenn diese Kerze erlischt? Wenn die äußeren Umstände Ihre Lichtquelle wegblasen?

In diesem Moment völliger Dunkelheit flüchten Sie in Ihre inneren Ressourcen: Sie erinnern sich an vergangene Lehren, meditieren, um Ihren Geist zu beruhigen, und finden die Kraft, weiterzugehen. Dies ist ein entscheidender Moment für Sie, genauso wie für Tenzin, wenn Sie sich Ihren Ängsten ohne offensichtliche äußere Hilfe stellen.

Können Sie das Licht in sich finden, auch wenn alles dunkel erscheint?

Das Wiederanzünden Ihrer Kerze ist nicht nur eine physische Handlung, sondern auch ein Akt erneuter Zuversicht und Entschlossenheit. Die Dunkelheit ist nicht verschwunden, aber das Licht scheint heller denn je. Haben Sie sich jemals so gefühlt?

Wenn nach einer schweren Prüfung Ihre innere Stärke Ihre nächsten Schritte sicherer gemacht hat und Ihre Sicht klarer geworden ist?

Schließlich entdeckt Tenzin einen geheimen Garten, einen Ort des Friedens und der Schönheit jenseits der Dunkelheit der Höhle. Es ist nicht nur eine Metapher für das Gefühl der Erfüllung, das Sie verspüren, wenn Sie Schwierigkeiten überwinden; es erinnert uns auch daran, dass jedes Hindernis ein Durchgang ist, kein Ende.

Jede Ihrer "Höhlen" hat einen Ausgang, einen "geheimen Garten", der darauf wartet, entdeckt zu werden. Sind Sie bereit, danach zu suchen?

Tenzins Erfahrung lehrt uns, dass selbst in den dunkelsten Momenten des Lebens immer ein Ausweg, ein Lichtschein existiert, wenn wir nur bereit sind, danach zu suchen. Und genauso wie Tenzin seine Weisheit mit seinem Dorf geteilt hat, haben auch Sie die Möglichkeit, eine Quelle des Lichts für andere zu sein.

31.
Der Halbvolle Kelch:
Die Perspektive verändert alles

Jeder Morgen im Kloster Shōgen-ji war ein friedlicher Beginn, begleitet von melodischem Vogelgesang und dem Klang von Holz, das angeschlagen wurde, um den Beginn der Gebete anzuzeigen. In dieser feierlichen, aber beruhigenden Atmosphäre widmete sich der Mönch Dogen einer täglichen Praxis, die für ihn genauso heilig geworden war wie sie für andere rätselhaft war.

Es war ein einfaches Ritual, das mit Absicht und Sorgfalt ausgeführt wurde. Dogen näherte sich dem Fluss, der neben dem Kloster floss, und schöpfte mit einem handgefertigten, kunstvoll verzierten Kristallkelch vorsichtig das klare und reine Wasser. Der Kelch war ein Kunstwerk, ein Meisterwerk eines örtlichen Handwerkers, der Lotusblumen und Drachen in ihn graviert hatte, Symbole für Reinheit und Stärke.

Zurück in seinem Raum, der vom sanften Morgenlicht durch die Reispapierpaneele beleuchtet wurde, stellte Dogen den Kelch auf einen kleinen Altar. Dann, im Lotossitz sitzend, betrachtete er den

Kelch für eine Zeit, die schien, als wäre sie zwischen der Gegenwart und der Ewigkeit suspendiert. Seine Augen bewegten sich zwischen der vollen und der leeren Seite des Kelchs, als würden sie einen stillen Tanz zwischen Yin und Yang ausbalancieren.

Eines Tages blieb der junge Novize Kaito, von den Ritualen von Dogen angezogen, an der Tür des Raumes stehen. "Meister Dogen, darf ich Ihre Meditation für eine Frage unterbrechen?"

Dogen öffnete die Augen, und ein Lächeln erschien auf seinem Gesicht. "Natürlich, Kaito. Wofür interessierst du dich?"

"Warum, Meister, widmen Sie sich dieser Kelchpraxis jeden Tag? Ist es vielleicht eine Reflexion über die Vergänglichkeit, die Zerbrechlichkeit des Lebens?"

Dogen nickte, beeindruckt von der Tiefe von Kaitos Frage. "Ja, Kaito, die Vergänglichkeit ist sicherlich einer der Aspekte. Aber ich möchte, dass du etwas Subtileres verstehst. Jeden Tag, wenn ich diesen Kelch betrachte, lerne ich von seiner Dualität. Einige könnten den Kelch als halb leer sehen und sich auf die Mängel des Lebens, auf Versagen und verpasste Chancen konzentrieren. Andere hingegen würden den Kelch als halb voll sehen und in diesem halben Kelch Gründe für Dankbarkeit, Optimismus und Freude finden."

"Über die Perspektive nachzudenken, kann mächtiger sein, als du dir vorstellen kannst. Es kann deine Interaktion mit der Welt und mit dir selbst verändern. Die äußere Realität bleibt unverändert, aber die Art und Weise, wie du sie wahrnimmst, kann dein Leben zur Hölle oder zum Paradies machen."

Kaito blieb sprachlos, als ob ein Schleier von seinen Augen gehoben worden wäre. "Danke, Meister. Das ist eine Lektion, die ich mitnehmen werde."

Und so war es. Ab diesem Tag begann Kaito, die Meditation des Kelchs zu praktizieren. Und nicht nur er, sondern auch andere Mönche und Besucher des Klosters, beeinflusst von der Geschichte von Dogen und Kaito, begannen diese Praxis in ihr Leben zu integrieren. Und sie entdeckten, wie es Kaito erging, dass die einfache Handlung, sich auf die volle Seite statt auf die leere Seite des Kelchs zu konzentrieren, nicht nur die Stimmung an einem einzigen Tag verändern konnte, sondern möglicherweise den Verlauf eines ganzen Lebens.

Und Dogen setzte seine Praxis jeden Morgen fort, wissend, dass er einen Samen gepflanzt hatte, eine kleine Geste, die zu einem Garten der Weisheit gewachsen war, in dem jeder die Früchte der Achtsamkeit und der Dankbarkeit ernten konnte.

Reflexion

Die Geschichte vom Mönch Dogen und seinem Kristallkelch ist weit mehr als nur eine Geschichte über das morgendliche Meditieren; sie ist eine tiefe Lehre über die Macht der Perspektive. Aber was bedeutet das für Sie?

Haben Sie sich jemals die Frage gestellt, wie oft Ihre Sicht der Dinge Ihre Realität beeinflusst? Ein Kelch kann sowohl halb voll als auch halb leer sein, genauso wie Ihr Leben durch die Linse von Pessimismus oder Optimismus betrachtet werden kann.

Was sehen Sie, wenn Sie den "Kelch" Ihres Lebens betrachten? Konzentrieren Sie sich auf die leere Seite, auf Mängel, Hindernisse und Enttäuschungen, die Sie erlebt haben? Oder können Sie die Segnungen, Chancen, schönen Erfahrungen und Momente des Wachstums erkennen, die sich auf der vollen Seite des Kelchs verbergen?

Perspektive ist mächtig; sie kann unüberwindbare Mauern errichten oder Türen zu neuen Möglichkeiten öffnen. Haben Sie sich das schon einmal bewusst gemacht?

Das Nachdenken über die Dualität des Kelchs, wie es Dogen tat, ist eine Übung, die Sie einlädt, Ihre Sichtweise auf das Leben auszubalancieren, die Schatten und Lichter Ihres Weges zu berücksichtigen. Es geht nicht nur darum, die volle Seite für reinen Optimismus zu wählen, sondern darum zu verstehen, dass beide Aspekte, voll und leer, koexistieren. In diesem Gleichgewicht liegt Raum für eine neue Art von Bewusstsein, ein Bewusstsein, das die Komplexität des Lebens ohne Urteil akzeptiert.

Dogen betont, dass Perspektive nicht nur die Art und Weise verändern kann, wie Sie mit der äußeren Welt interagieren, sondern auch Ihren inneren Dialog. Es mag wie eine Übertreibung klingen, aber denken Sie darüber nach, wie viele Momente Ihres Lebens durch die Art und Weise, wie Sie eine Situation interpretiert haben, geprägt wurden. Die Realität ist größtenteils eine Leinwand, auf die wir unsere Wahrnehmungen, Überzeugungen und Einstellungen projizieren.

Haben Sie sich jemals gefragt, wie sehr Sie Ihre Realität verändern könnten, indem Sie Ihre Perspektive ändern?

32.
Das Nest auf dem Gipfel:
Schaffen Sie Ihr eigenes Paradies

In der abgelegenen und unberührten Bergregion von Kanchen, wo die verschneiten Gipfel den Himmel zu berühren schienen, gab es ein altes Kloster, umhüllt von der Stille der Natur. Die klösterliche Gemeinschaft war klein, bestehend aus Männern und Frauen, die sich der Meditation und Erleuchtung widmeten. Unter ihnen war ein Mönch namens Senzo besonders bekannt. Nicht nur wegen seiner tiefen Weisheit und seiner Lebensweise, sondern auch wegen einer Gewohnheit, die ebenso einzigartig wie geheimnisvoll war.

Weit entfernt vom Kloster wuchs ein außergewöhnlicher Baum, eine majestätische Sequoia, deren Stamm so dick war, dass fünf Männer gebraucht wurden, um ihn vollständig zu umarmen. Ihre Wurzeln tauchten wie Arterien in die Mutter Erde ein, während ihre Äste sich in einer ätherischen Umarmung zum Himmel erstreckten. Jeden Tag, wenn die Sonne gerade aufgegangen war und der Morgentau das Gras noch benetzte, kletterte Senzo auf diesen Baum.

Eines Tages kam ein Besucher ins Kloster, angezogen von der Geschichte Senzos und dem Charme der Sequoia. Nachdem er einige Zeit die Routine des Mönchs beobachtet hatte, konnte er sich nicht zurückhalten zu fragen: "Ehrwürdiger Senzo, verzeiht meine Neugier, aber warum klettert Ihr so hoch auf diesen Baum? Was hofft Ihr dort oben zu finden oder zu erreichen?"

Senzo antwortete mit einem Lächeln, das absolute Ruhe ausstrahlte: "Ich baue ein Nest auf der Spitze, mein lieber Freund."

Der Besucher schien ungläubig. "Ein Nest? Wie das eines Vogels?"

"Genau, aber es ist ein Nest für mich. Es ist mein kleines Paradies."

Mit zusammengekniffenen Augen gegen das Sonnenlicht, schaute der Besucher zur Baumkrone und bemerkte tatsächlich eine Struktur, die er zuvor nicht gesehen hatte: ein sorgfältig und aufmerksam auf den starken Ästen der Sequoia gebautes Nest. Es war eine harmonische Zusammenstellung aus verwobenen Zweigen, grünen Blättern, bunten Federn und Grashalmen.

"Aber, ehrwürdiger Senzo, ist das nicht gefährlich und unbequem?", fragte der Besucher.

Mit beruhigender Stimme erklärte Senzo: "Gefahr und Unbequemlichkeit, mein Freund, sind oft eine Frage der Perspektive. Wenn ich dort oben bin, fühle ich mich dem Himmel nahe, weit weg vom Lärm der Welt, von Ablenkungen und Sorgen. Ich finde eine Art von Frieden und Ruhe, die sonst nicht so leicht zu replizieren sind."

"Aber warum ein Nest?" Der Besucher war sichtlich verwirrt.

Senzo pausierte und fuhr fort: "Siehst du, ein Nest ist etwas sehr Persönliches, eine Schöpfung, die widerspiegelt, wer du bist und was du wertschätzt. Ich habe mein Paradies dort oben gebaut, nicht weil ich die Welt hier unten verachte oder für ungeeignet halte. Im Gegenteil, es ist, weil ich einen Ort wünsche, der ausschließlich das Produkt meiner positiven Gedanken ist, ein Ort, an dem jeder Zweig, jedes Blatt und jeder Grashalm eine bewusste Wahl darstellt."

Beeindruckt von dieser Offenbarung, fühlte der Besucher, als wäre ein Schleier von seinem Verständnis gehoben worden. "Also, in gewisser Weise sagt Ihr, dass das Paradies eine persönliche Konstruktion ist, geformt von unserer Perspektive und Einstellung?"

"Genau", sagte Senzo, "und vergiss nicht, jeder von uns hat die Fähigkeit, sein eigenes Paradies zu bauen, es ist nur eine Frage des Wo und Wie."

Von diesem Tag an wurde die Geschichte von Senzo und seinem Nest auf der Spitze zu einer der beliebtesten und am meisten geteilten Legenden im Kloster und unter den Pilgern, die aus fernen Ländern kamen.

Die in seiner einfachen, aber tiefgreifenden Handlung inhärente Weisheit diente als ständige Erinnerung: Das Paradies ist kein Ort, den es zu finden gilt, sondern ein Zustand des Seins, den es zu erschaffen gilt.

Und im Bau dieses Seinszustands ist jede Materialwahl tatsächlich eine Lebenswahl.

Reflexion

Haben Sie je darüber nachgedacht, dass das Paradies kein physischer Ort ist, den man erreichen muss, sondern ein Zustand des Seins, den man mit den eigenen Händen erschaffen muss?

Die Geschichte von Senzo, dem Mönch, der sein Nest auf der Spitze einer Sequoia baute, bietet eine Antwort, eingehüllt in tiefe Weisheit.

Senzo lehrt uns, dass das Paradies eine persönliche Konstruktion ist, geformt von unserer Perspektive und Einstellung. Es ist kein entferntes Ziel, sondern eine mögliche Realität, hier und jetzt. Das Nest auf der Spitze ist ein mächtiges Symbol. Es lädt Sie ein, darüber nachzudenken, was es für Sie bedeutet, "oben zu sein", fernab vom Lärm der Welt.

An welchem Ort in Ihrem Leben, mental oder physisch, bauen Sie Ihr "Nest"?

Ist es ein Ort, der aus positiven Gedanken und bewussten Entscheidungen besteht?

Denken Sie darüber nach: Das Nest, das Senzo baut, ist kein Ort der Flucht, sondern ein greifbarer Ausdruck seiner Innerlichkeit. Jeder Zweig, jedes Blatt, jeder Grashalm in seinem Nest ist eine bewusste Wahl, eine Inkarnation seiner Werte und Wünsche.

Wie weben Sie die Zweige und Blätter Ihres Lebens?

Sind sie das Ergebnis bewusster und sorgfältiger Entscheidungen oder eher von Automatismen und Gewohnheiten?

Gefahr und Unbequemlichkeit sind oft eine Frage der Perspektive.

Was hält Sie auf dem Weg zum Bau Ihres persönlichen Paradieses für gefährlich oder unbequem?

Ist es die Angst vor dem Urteil anderer, die Angst zu scheitern oder vielleicht die Furcht, Teile von sich zu entdecken, die Sie lieber ignorieren würden?

Und wenn diese "Gefahren" stattdessen Chancen wären, um zu wachsen, authentischer zu werden, in Harmonie mit sich selbst und der Welt um Sie herum zu leben?

Schließlich erinnert uns Senzo daran, dass das Paradies ein Zustand des Seins ist, den man erschaffen muss. Es ist keine unerreichbare Utopie, sondern eine Realität, die für alle zugänglich ist. Und um es zu bauen, müssen Sie der Architekt Ihres Lebens sein. Sie müssen bewusste Entscheidungen treffen, die widerspiegeln, wer Sie sind und was Sie schätzen.

Wie könnten Sie heute damit beginnen, Ihr Nest, Ihr persönliches Paradies, zu bauen?

Welche "Materialien" würden Sie wählen, um Ihr Wohlbefinden und Ihre Ruhe zu weben?

Die Lehre von Senzo ist klar und universell: Das Paradies ist kein Ort, der gefunden werden muss, sondern ein Zustand des Seins, der erschaffen werden muss. Und jede Wahl, jeder Schritt, jeder Gedanke ist ein Meilenstein auf Ihrer Reise zur Erschaffung dieses Paradieses.

33.
Rückenwind:
Mit Optimismus durchs Leben segeln

Das Kloster von Jin war wie ein kleines irdisches Paradies, umhüllt von Blumendüften und dem melodischen Gesang der Vögel. Die Mönche widmeten sich den Morgengebeten und philosophischen Debatten und gingen klösterlichen Aufgaben wie dem Kopieren heiliger Texte und dem Anbau von Gärten nach. Doch für Jin war der wahre Zufluchtsort der See, der sanft die Füße des Klosters küsste.

Es war ein großer Wasserspiegel, dessen Gewässer das Wesen des Himmels zu reflektieren schienen. Jin war nicht nur ein Mönch; er war auch ein Seelen-Navigator. Jeden Tag, ungeachtet seiner Verpflichtungen, fand er Zeit, sich an diesen Ort des Friedens zurückzuziehen. Dort hatte er ein Boot, nicht besonders luxuriös oder groß, aber stabil und sicher.

Als Eiichi ihn an diesem Tag erreichte, war er sofort von der Atmosphäre der Gelassenheit, die das Boot umgab, beeindruckt. Es gab keine überflüssigen Verzierungen, nur ein Paar Ruder, ein Segel und ein kleiner Votivaltar zu Ehren von Kannon, der Göttin der Barmherzigkeit.

"Steig ein, Eiichi," lud Jin mit einem Lächeln ein, das eine ruhige, aber intensiv lebendige Energie ausstrahlte. "Heute wird ein besonderer Tag sein."

Kaum hatte Eiichi das Boot betreten, bewegte sich Jin geschickt, setzte das Segel, das sich sofort aufblähte und den Wind einfing, als wäre es ein vom Himmel geflüstertes Geheimnis. Das Erlebnis war euphorisch. Das Wasser streichelte sanft die Seiten des Bootes, und die beiden Mönche waren von einem Gefühl unendlicher Freiheit umgeben.

Während sie weit vom Ufer entfernt waren, konnte Eiichi, nun überwältigt von Neugier, nicht umhin fragen: "Wie machst du das, Jin? Wie kannst du wissen, dass der Wind immer zu deinen Gunsten wehen wird?"

Jin lächelte, blickte auf den Horizont, als könnte er die Geheimnisse der Natur lesen. "Eiichi, der Wind ist wie das Leben. Ich kann ihn nicht kontrollieren, aber ich kann entscheiden, wie ich darauf reagiere. Mein

Segel ist mein Wille, und mein Kompass ist mein Optimismus. Mit diesen beiden Verbündeten kann jeder Wind günstig werden."

"Ich verstehe immer noch nicht," gab Eiichi zu, etwas frustriert.

Jin verlangsamte das Boot und steuerte es in eine kleine Bucht, wo das Wasser so klar war, dass sie den Grund sehen konnten. "Schau hinunter, was siehst du?"

"Steine, Algen, kleine Fische," zählte Eiichi auf.

"Genau. Jeder von ihnen hat eine Rolle im großen Schema des Lebens. Manche Steine mögen wie Hindernisse erscheinen, aber sie können auch feste Grundlagen sein, auf denen man aufbauen kann. Die Algen mögen unbedeutend erscheinen, aber sie bieten den Fischen Zuflucht. Hindernisse sind nur verkleidete Gelegenheiten, Eiichi. Wenn der Wind gegen dich bläst, ist das kein Zeichen, aufzugeben; es ist eine Einladung zu lernen, sich anzupassen und neue Richtungen zu finden."

Das Licht in Eiichis Augen änderte sich, als hätte ihn ein tieferes Verständnis berührt. "Also, wenn ich das richtig verstehe, navigierst du nicht nur auf dem See, sondern auch durch das Leben mit derselben Philosophie."

"Genau," bestätigte Jin, "und jetzt, da du den günstigen Wind gekostet hast, möchtest du vielleicht öfter mit mir zusammen sein. Denn sieh, wir sind auf dieser Reise niemals allein. Wie der Wind und das Wasser sind wir alle verbunden, alle, Teil eines unendlichen Flusses, der uns einlädt zu navigieren, immer, zu neuen und wunderbaren Horizonten."

Und von diesem Tag an wurde Eiichi ein häufiger Begleiter von Jin auf seinen Ausflügen auf dem See, beide bewegt von derselben spirituellen Brise, beide auf der Suche nach ihrem persönlichen günstigen Wind. Und wie Jin ihm beigebracht hatte, entdeckte er, dass das Geheimnis nicht so sehr darin lag, den richtigen Wind zu finden, sondern offen und bereit zu sein zu navigieren, egal woher er wehte.

Reflexion

Das Navigieren im Leben erfordert mehr als nur ein einfaches Boot und ein Segel; es bedarf eines tiefen Verständnisses des Windes, der Sie umgibt, der so wechselhaft sein kann wie das Leben selbst. Die Geschichte von Jin und Eiichi lädt Sie ein, eine entscheidende Frage zu betrachten: Wie gehen Sie mit den Gegenwinden Ihrer Existenz um? Stellen Sie sich mit Widerstand entgegen, lassen Sie sich treiben oder lernen Sie, Ihr Segel anzupassen und Ihren inneren Kompass zu verwenden, um den Wind in einen Verbündeten zu verwandeln?

Beginnen Sie, Ihren Willen als das Segel des Bootes zu sehen. Immer wenn Sie sich von Ereignissen getrieben fühlen, entscheiden Sie, wie Sie dieses Segel positionieren. Sie können es gesenkt lassen und stillstehen, unbewegt, ein Opfer der Umstände. Oder Sie können es mit Vertrauen hissen, lassen den Wind Sie zu neuen Erfahrungen tragen.

Haben Sie bemerkt, wie Ihr Wille scheinbar widrige Umstände in Möglichkeiten für Wachstum und Veränderung verwandeln kann?

Aber ein Segel ohne Kompass ist nicht sehr nützlich. Hier kommt Ihr Optimismus ins Spiel. Jins Kompass ist kein physisches Objekt, sondern eine Denkweise. Es ist ein Glaubenssystem, das es ihm ermöglicht, nicht nur die Herausforderungen, sondern auch die Möglichkeiten zu sehen, die sie mit sich bringen.

Und Sie, welche Glaubenssätze beherbergen tief in Ihrer Seele? Öffnen sie eine Welt der Möglichkeiten oder schließen sie Sie in eine Ecke ein?

Betrachten Sie die ruhige Bucht in der Geschichte, wo das Wasser so klar ist, dass Sie bis zum Grund sehen können. Jin nutzt diesen Moment, um Eiichi und Ihnen zu zeigen, dass Hindernisse nicht immer das sind, was sie zu sein scheinen. Steine, Algen und Fische leben in einem zarten Gleichgewicht. Wie oft haben Sie ein Hindernis als Problem angesehen, wenn es in Wirklichkeit ein Sprungbrett für etwas Größeres sein könnte? Wie oft haben Sie angenommen, dass ein Problem ein Zeichen zum Aufgeben sei, anstatt eine Herausforderung, der Sie sich stellen und die Sie überwinden sollten?

Jins Navigation auf dem See ist eine spirituelle Reise, ein Mikrokosmos des Lebens selbst. Jedes Mal, wenn er an Bord geht, ist es nicht nur, um das Wasser zu durchschneiden, sondern auch, um durch die Komplexitäten des Daseins zu navigieren. Das Gleiche gilt für Sie. Jeder Tag ist eine Gelegenheit, Ihr Segel zu hissen und Ihren Kompass einzustellen. Und denken Sie daran, das Leben ist keine einsame Reise. So wie Eiichi in Jin einen Gefährten gefunden hat, können auch Sie einen Gefährten finden oder für jemand anderen werden, zusammen navigierend zu immer helleren Horizonten.

IV
Innere Ruhe

Das geheime Sanktuarium:
Bauen Sie Ihr inneres Heiligtum

34.
Der Tempel der Stille:
Stille der Gelassenheit

In einer hektischen Stadt, wo das Läuten der Verkäuferglocken sich mit dem Geschrei der Kinder und den erregten Gesprächen der Alten mischte, stand ein Tempel. Der Stille Tempel, so nannten sie ihn. Es war wie eine Insel inmitten eines stürmischen Meeres, ein seltenes Heiligtum des Friedens in einer Welt beherrscht vom Chaos.

Yuudai, ein Mönch mit einem reinen Herzen und Augen, offen wie die Blütenblätter einer Lotusblume, war auf der Suche nach neuen Formen der Weisheit. Als er sich seinen Weg durch den Markt bahnte, spürte sein Geist eine seltsame Anziehung, wie ein Anker, der den perfekten Punkt zum Festmachen findet. Diesem inneren Ruf folgend, stand er vor dem antiken Tempel. Er konnte nicht widerstehen; es war, als hätte die Stille des Ortes ihn beim Namen gerufen.

Als er die Schwelle des Tempels überschritt, wurde Yuudai von einer Stille umfangen, die so erfüllend war, dass sie fast greifbar schien, als könnte er sie berühren. Er setzte sich auf ein Meditationskissen und schloss die Augen, tauchte in die Stille ein, als wäre sie ein See aus kristallklarem Wasser. Für einige Augenblicke verschwand alles andere. Es war nur er und die Stille, eine heilige Begegnung zweier getrennter, aber gleichermaßen realer Entitäten. "Wie ist es möglich, dass eine solche Tiefe der Stille neben dem Lärm der Welt existiert?" fragte er sich, entzückt.

Als er seine Augen wieder öffnete und den Tempel verließ, fühlte sich Yuudai wie ein neugeborener Mann. Es war, als hätte er ein kostbares Juwel gefunden und beschlossen, es in seinem Herzen zu tragen. Er kehrte zum Markt zurück, aber diesmal war es anders. Die Hektik der Außenwelt schien ihre Fähigkeit verloren zu haben, ihn zu stören; es war, als wäre seine Seele zu einem wellenlosen See geworden, unbeeindruckt von äußeren Stürmen.

Ein Teeverkäufer, ein alter Mann mit einem Bart weiß wie Schnee und Augen durchdringend wie ein Adler, bemerkte diese Veränderung in Yuudai. "Wie schaffst du es, deine Ruhe an einem solchen Ort voller Leben und Lärm zu bewahren?" fragte er, während er eine Tasse dampfenden Tees einschenkte.

Yuudai nahm die Tasse, kostete den Duft des Tees, als wäre es ein weiteres Zeichen des Friedens, das er zu seiner inneren Sammlung hinzufügen könnte. Dann lächelte er, ein Lächeln, das sein ganzes Sein zu erleuchten schien. "Der Tempel, den ich besucht habe, ist nicht nur ein Gebäude aus Stein und Holz, sondern ein innerer Tempel, den ich mit mir tragen kann. Und in diesem inneren Tempel herrscht immer Stille und Frieden."

Der Verkäufer nickte, als hätte er gerade die Antwort auf eine Frage erhalten, die ihn sein ganzes Leben lang gequält hatte. Er nahm einen tiefen Atemzug, und in diesem Moment spürte auch er einen Hauch des Friedens, den Yuudai gefunden hatte. "Vielleicht," dachte er, "ist Stille kein Ort, sondern ein Geisteszustand, den wir alle erreichen können."

Und so setzte Yuudai seine Reise fort, den kostbaren Schatz der Stille bei sich tragend. Was er vielleicht nicht wusste, war, dass er etwas noch Wertvolleres zurückgelassen hatte: das Bewusstsein, dass Ruhe eine Wahl ist, ein Tempel, den jeder in sich selbst bauen kann, unabhängig vom äußeren Chaos.

Reflexion

Haben Sie sich jemals gefragt, wie manche Menschen ihre Ruhe auch inmitten einer hektischen Umgebung bewahren können? Wie sie eine Aura der Gelassenheit zu haben scheinen, die unzerstörbar ist, trotz der Kakophonie der Außenwelt? Vielleicht haben sie, wie Yuudai, das Geheimnis des inneren "Stillen Tempels" entdeckt.

Der Tempel, von dem wir sprechen, ist nicht physisch, sondern eine spirituelle Entität, eine Dimension Ihres Bewusstseins, die Sie pflegen und überallhin mitnehmen können.

Frage Sie sich: "Was ist mein Stiller Tempel? Wo ist mein inneres Heiligtum des Friedens und der Ruhe?"

Diesen Tempel zu suchen, ist wie das Suchen nach einer Seelenverwandten für Ihren Geist.

Yuudai, in unserer Erzählung, repräsentiert den inneren Reisenden in jedem von uns, den spirituellen Suchenden, der nach Weisheit und Frieden strebt.

Die Stille und der Frieden, die Yuudai gefunden hat, sind nicht nur ein physischer Rückzug von der Welt, sondern vielmehr eine innere Transformation. "Wie kann ich diese Stille in meinen Alltag einbauen?" könnten Sie sich fragen. Der Schlüssel ist zu erkennen, dass Ihr innerer "Stiller Tempel" ein Ort ist, zu dem Sie jederzeit Zugang haben. Er bedarf keiner geografischen Lage oder idealer äußerer Bedingungen. Es ist eine Geisteshaltung, eine bewusste Wahl.

So wie Yuudai seine Ruhe gefunden hat, können auch Sie Ihre finden.

"Welche täglichen Praktiken könnten mir helfen, meine innere Ruhe zu pflegen?" Meditation, tiefe Atmung oder einfach nur einen Moment nehmen, um eine Tasse Tee zu genießen, wie der Verkäufer in der Geschichte, könnten Ihre Werkzeuge sein.

Aber vielleicht ist die größte Lektion dieser Geschichte, dass Ihr Zustand innerer Ruhe nicht nur ein Geschenk für Sie selbst ist, sondern auch für andere. Haben Sie sich jemals gefragt, wie viel von Ihrem Sein, andere Menschen positiv beeinflussen könnte? Der Teeverkäufer hatte eine Offenbarung, nur indem er Yuudai beobachtete. Ihre Ruhe könnte der Tempel sein, den jemand anderes sucht.

Schließlich, lieber Freund, denken Sie über diese Frage nach:

"Wenn Ruhe eine Wahl ist, warum treffen Sie sie nicht jetzt?"

Sie können jetzt damit beginnen, Ihren "Stillen Tempel" zu bauen, unabhängig vom Chaos, das Sie umgeben mag. Wie Yuudai werden Sie nicht nur einen Schatz gefunden haben, den Sie mitnehmen können, sondern Sie werden auch einen Stein in den See der Menschheit geworfen haben, Wellen des Friedens schaffend, die unerwartete Ecken der Welt erreichen könnten.

35
Das Wellenlose Meer:
Die Tiefen der inneren Ruhe

Kyoshi, ein Mönch von großer Weisheit, war in seinem Dorf nicht nur für sein Wissen bekannt, sondern auch für die fühlbare Ruhe, die von ihm ausging. Eines Tages beschloss er, Zeit am Ufer eines schäumenden Ozeans zu verbringen, fern vom hektischen Leben des Klosters und des Dorfes.

Er ging langsam, spürte den kühlen Sand unter seinen Füßen und das Salz in der Luft. Jede Welle, die am Ufer brach, schien eine Geschichte zu erzählen, einen ständigen Lebenszyklus. Kyoshi blieb stehen, sein Blick fest auf den Horizont gerichtet, wo der Himmel den Ozean küsste.

Mit jeder brechenden Welle fühlte sich Kyoshi immer mehr in den ewigen Rhythmus der Natur eingetaucht. In jenem Moment erhellte eine Offenbarung seinen Geist: Unter der Oberfläche des Ozeans, jenseits des Tumults und Chaos der Wellen, existierte eine Welt absoluter Ruhe, ein Abgrund inneren Friedens.

Auf den feuchten Sand setzend, legte Kyoshi seine Hände auf die Knie und schloss die Augen. Er meditierte tief, stimmte sein Bewusstsein auf die Tiefe des Ozeans seines Geistes ab. Gedanken kamen und gingen wie Wellen, doch darunter berührte er eine so tiefe Stille, dass sie ihn fast zum Weinen brachte.

Als er seine Augen öffnete, war es, als hätte er durch unerforschte Abgründe gereist und verborgene Schätze der Gelassenheit entdeckt. Diese Ruhe war keine Flucht vor den Stürmen des Lebens, sondern ein stabiles Fundament, auf dem alle seine Herausforderungen und Freuden tanzen konnten.

Ein Fischer namens Hiroshi, der Kyoshi aus der Ferne beobachtet hatte, war von der friedvollen Ausstrahlung des Mönchs beeindruckt. Er konnte seine Neugier nicht mehr zurückhalten, trat näher und fragte: "Entschuldigen Sie, Meister, wie schaffen Sie es, in einer Welt voller Lärm und Unordnung so ruhig zu bleiben?"

Kyoshi öffnete die Augen und blickte Hiroshi an, sein Blick war wie ein stiller See. "Lieber Hiroshi, wahrer Frieden ist nicht das Fehlen von Stürmen, sondern die Tiefe der Ruhe, die unter den oberflächlichen Wellen existiert. Jede Welle entsteht aus dieser Tiefe und kehrt letztendlich dorthin zurück. So ist es auch mit unseren Gedanken und Gefühlen. Wenn wir diese Tiefe in uns erreichen, können wir jeden Sturm mit einem gelassenen Herzen durchsegeln."

Hiroshi lauschte, die Augen weit aufgerissen in einer Mischung aus Staunen und Dankbarkeit. Es war, als hätte er durch Kyoshis Worte einen neuen Kontinent in seinem Inneren entdeckt, einen Ort ewigen Friedens, aus dem er immer schöpfen konnte.

Von da an sah Hiroshi das Meer und das Leben nicht mehr auf dieselbe Weise. Und immer, wenn er sich überwältigt fühlte, schloss er die Augen und dachte an Kyoshi und das wellenlose Meer, und in dieser Erinnerung fand er einen Anker für seine unruhige Seele.

Reflexion

Haben Sie jemals das Bedürfnis verspürt, dem Chaos des Alltags zu entfliehen, auf der Suche nach einem Frieden, der immer schwer fassbar zu sein scheint?

Wie oft haben Sie diese Ruhe im Äußeren gesucht, in der Hoffnung, dass ein Ort oder eine Situation Ihnen die Sehnsucht nach Gelassenheit erfüllen könnten?

Die Geschichte von Kyoshi, dem Mönch mit unergründlicher Tiefe, lädt Sie ein, über die unruhige Oberfläche Ihrer Umstände hinauszublicken und in das weite Meer Ihres Inneren einzutauchen.

Kyoshi findet seine Ruhe nicht durch Flucht vor der Welt, sondern indem er ihr mit einem zentrierten Herzen begegnet. Er geht am Meer entlang und sieht statt sich nur von den turbulenten Wellen faszinieren zu lassen, die friedvolle Tiefe darunter. Diese Tiefe existiert auch in Ihnen, ein inneres Heiligtum, in dem jeder Gedanke, jedes Gefühl oder jede Herausforderung entstehen und vergehen kann, ohne Ihre Essenz zu stören.

Und wie Kyoshi haben auch Sie die Fähigkeit, diesen heiligen Raum zu berühren. Aber wie erreichen Sie ihn? Meditation, Achtsamkeit und Akzeptanz sind Ihre Boote auf dieser inneren Reise. Wenn Sie in Stille sitzen, lassen Sie Ihre Gedanken wie Wellen fließen.

Was passiert, wenn Sie nicht versuchen, sie zu stoppen, sondern sie einfach beobachten?

Sie werden entdecken, dass unter dem Tumult eine stille Tiefe existiert, immer präsent, die nur darauf wartet, erkannt zu werden.

Die Frage des Fischers Hiroshi ist die Frage vieler von uns: "Wie kann ich in einer so hektischen Welt ruhig bleiben?" Kyoshis Antwort ist aufschlussreich, denn sie betont, dass echter Frieden nicht das Beseitigen äußerer Unordnung ist, sondern die Entdeckung der inneren Ordnung.

Ist es nicht befreiend zu wissen, dass Sie nicht das ganze Universum kontrollieren müssen, sondern nur dessen ruhigen Kern, der bereits in Ihnen existiert?

Und Sie, wie Hiroshi, können diesen Anker für Ihre unruhige Seele finden. Immer wenn das Leben Sie zu überwältigen scheint, schließen Sie die Augen und tauchen Sie in Ihr inneres Meer ein. Können Sie es fühlen? Diese Ruhe ist genauso ein Teil von Ihnen wie die Wellen an der Oberfläche.

Warum also nicht heute diese Tiefe erkunden? Nehmen Sie sich einen Moment Zeit, um in Stille zu sitzen. Hören Sie auf Ihren Atem, fühlen Sie Ihr Herz und öffnen Sie die Tür zu dem Teil von Ihnen, der ewig friedlich ist. Und einmal entdeckt, tragen Sie diesen Schatz mit sich, wie Kyoshi, im Wissen, dass Ruhe kein ferner Ort ist, sondern ein jederzeit zugänglicher Geisteszustand.

Sind Sie bereit, den ersten Schritt zur Entdeckung Ihres wellenlosen Meeres zu machen?

36.
Der unbewegliche Berg:
Frieden, der alles Begreifen übersteigt

Unter dem mit Sternen gesprenkelten Himmelszelt, das von den ersten Sonnenstrahlen geküsst wurde, stand Eijun, ein Mönch von undefinierbarem Alter, aber mit Augen so tief wie die Nacht, zu Füßen eines Berges, so majestätisch, dass er wie ein schlafender Riese wirkte. Mit einem grob geschnitzten Gehstock, verziert mit alten Mantras, und einem Beutel, der nur das Nötigste für eine innere Reise enthielt, machte er sich auf den unwegsamen Pfad, der zum Gipfel führte.

Jeder Schritt auf diesem Pfad schien ein Kapitel eines heiligen Buches zu sein, das in der Sprache der Natur geschrieben war. Der Weg war übersät mit rutschigen Steinen, die wie absichtlich platzierte Hindernisse erschienen, um seine Entschlossenheit zu prüfen. Danach kam ein verdrehter Pfad, ein wahrer Dschungel aus Baumwurzeln, verwickelt wie ein Knäuel aus Zweifeln und Ängsten, die jeder von uns tief im Herzen trägt. Doch anstatt entmutigt zu werden, fühlte sich Eijun zunehmend gestärkt. Jede Herausforderung schien ihm eine immer größere Kraft einzuflößen, als wären die Hindernisse verkleidete Lehrer, die ihm wertvolle Lektionen erteilten.

Oben angekommen, legte Eijun seinen heiligen Stock nieder und setzte sich, wie ein antiker König, der seine Krone ablegt, auf einen flachen Felsen, der von Jahren der Erosion und des Windes geglättet worden war. Mit geschlossenen Augen atmete der Mönch tief die frische Luft ein, eine Mischung aus dem Duft von Kiefernnadeln und Alpenblumen. In diesem ätherischen Reich begannen seine Gedanken zu verschwinden, wie Wolken, die sich im klaren Himmel auflösen. Es war, als ob der Berg selbst seine ewige, solide Ruhe mit ihm geteilt hätte, eine Ruhe, die menschlichen Definitionen entging, jenseits der Reichweite von Worten.

Nach einer Zeit, die eine Sekunde oder ein Jahrhundert hätte sein können, öffnete Eijun die Augen. Er fand sich als einziger Zuschauer eines natürlichen Theaters wieder, mit dem Himmel als Bühne und der Erde als Publikum. Er fühlte sich zum ersten Mal, als wäre er eine kleine, aber wertvolle Note in einer kosmischen Symphonie ohne Anfang und Ende.

Just in diesem Moment führte ein Hirte mit zerfurchtem Gesicht, aber lebendigen Augen seine Herde den grünen Hang des Berges hinunter. Als er Eijun sah, fühlte er sich unwiderstehlich von seiner Aura der Ruhe angezogen und näherte sich ihm wie ein Schmetterling, der von einer Flamme angezogen wird.

"Entschuldigen Sie die Störung, oh Mönch. Aber was haben Sie auf dem Gipfel dieses Berges entdeckt, das Sie so gelassen macht?" fragte der Hirte, die Neugier in seinen Augen leuchtend.

Mit einem Lächeln, das dem Sonnenaufgang glich, antwortete Eijun: "Lieber Freund, was ich gefunden habe, ist ein Frieden, der nicht durch Worte eingefangen werden kann. Es ist der Frieden, der jenseits des Wandels der Jahreszeiten und der Gezeiten des Lebens existiert. Er ist wie dieser Berg: ewig, fest und völlig unabhängig von allem, was ihn umgibt."

Der Hirte blickte zum Gipfel, dann wieder zu Eijun, als versuchte er, ein Konzept zu erfassen, das gerade außerhalb seiner Reichweite lag. "Wie kann ich diesen Frieden finden, Mönch? Ich habe gesucht, aber er scheint immer aus meinen Händen zu gleiten."

Eijun legte seine Hand auf die Schulter des Hirten. "Dieser Frieden, mein Lieber, ist wie ein verborgener Berg in jedem von uns. Ja, Sie müssen schwierige Pfade durchqueren und unerwartete Hindernisse überwinden. Aber wenn Sie einmal den Gipfel erreicht haben, werden Sie entdecken, dass jeder Schritt, jede Schwierigkeit nur ein Meilenstein auf dem Weg zu einem Frieden war, der jedes Verständnis übersteigt."

Der Hirte nickte, ein schüchternes, aber aufrichtiges Lächeln überquerte sein Gesicht. Vielleicht hatte er die Worte von Eijun noch nicht ganz verstanden, aber er wusste, dass er etwas Wahres gespürt hatte, etwas, das in der Tiefe seines Seins widerhallte. Und mit dieser Erkenntnis fanden beide ihren Weg zurück: der eine zu seiner Herde, der andere zur Einsamkeit des Berges, aber beide ein wenig näher am inneren Frieden, den sie immer gesucht hatten.

Reflexion

Die Geschichte von Eijun und dem Unbeweglichen Berg. Eine Erzählung, die Herz und Seele anspricht.

Wie oft haben Sie sich in schwierigen Situationen wiedergefunden, auf rauen Wegen, die Ihre Entschlossenheit herausfordern? Und wie oft haben Sie das Gefühl gehabt, dass jedes Hindernis eine fast unüberwindliche Prüfung darstellte?

Aber bedenken Sie: Sind nicht gerade diese Hindernisse Ihre besten Lehrer? Ist jeder rutschige Stein, jede verwickelte Wurzel nicht ein Kapitel in der Geschichte Ihres inneren Wachstums? Jeder dieser Momente formt und meißelt Sie, wie der Wind und die Erosion den Felsen glätteten, auf dem Eijun seinen Moment des Friedens fand.

Haben Sie jemals über die ewige Natur des Friedens nachgedacht, den Eijun entdeckt hat? Es ist kein Frieden, der von äußeren Ereignissen abhängt, sondern vielmehr ein Frieden, der "jedes Verständnis übersteigt", der jenseits des Wandels der Jahreszeiten und der Gezeiten des Lebens existiert.

Haben Sie sich jemals gefragt, ob ein solcher Frieden auch in Ihnen existieren könnte?

Eijun entdeckt diese monumentale Gelassenheit erst nachdem er den schwierigen Pfad gemeistert hat. Sie könnten sich fragen, ist es notwendig, solche Herausforderungen zu meistern, um Ihre "innere Berg" zu entdecken? Vielleicht liegt die Antwort im Verständnis, dass Frieden nicht ein Ziel, sondern eine Reise ist. Jeder Schritt, den Sie tun, jedes Hindernis, das Sie überwinden, ist nichts anderes als ein Meilenstein auf dem Weg zu einem Frieden, der nicht erklärt, sondern nur erlebt werden kann.

Und Sie, wie der Hirte, könnten sich unwiderstehlich von der Suche nach diesem Frieden angezogen fühlen. Aber wie können Sie ihn erreichen? Seien Sie bereit, Ihre Reise zu beginnen, Herausforderungen und Hindernisse als wertvolle Lektionen zu akzeptieren. Und denken Sie daran, dieser Berg ist in Ihnen, vielleicht verborgen, aber ewig präsent und unerschütterlich. Ist nicht gerade diese Erkenntnis der erste Schritt zum Frieden, der jedes Verständnis übersteigt?

Denken Sie darüber nach. Jede Schwierigkeit, jedes Hindernis, das Sie treffen, ist ein notwendiger Durchgang, ein Meilenstein, der Sie der Spitze Ihres inneren Berges immer näherbringt. Und wenn Sie erst einmal den Gipfel erreicht haben, wer kann sagen, welche großartigen Aussichten auf Sie warten? Welchen unergründlichen Frieden werden Sie endlich umarmen können? Ist nicht gerade die Aussicht auf eine solche Entdeckung der Antrieb, der Ihren Weg speist, und macht jeden Schritt, jeden Moment, zu einem Fortschritt in Richtung des Unerreichbaren?

37.
Die Höhle des Herzens:
Intimität mit seinem Ich

Kiyoshi war ein Mönch mit einem umherschweifenden Geist, ein Pilger der heiligen und verborgenen Orte, die die Natur zu bieten hatte. Er hatte Wälder durchquert, die dicht wie Labyrinthe waren, und Flüsse durchwatet, die so tumultuös schienen, als wollten sie die Welt verschlingen. Doch an diesem Tag, als er sich auf einem nebelverhangenen Bergpfad vorwagte, zündete ein Schlag der Erregung sein Herz.

Fast zufällig, eingebettet zwischen moosbedeckten Felsen und einem komplizierten Gewirr von Wurzeln, öffnete sich eine Höhle vor ihm. Es war keine gewöhnliche Höhle; sie strahlte eine so greifbare Aura der Heiligkeit aus, dass Kiyoshi das Gefühl hatte, ein Portal in eine andere Welt überschritten zu haben.

Mit einer Laterne aus Holz und Reispapier in der Hand bahnte sich Kiyoshi seinen Weg in das Innere der Höhle. Das sanfte Leuchten der Laterne enthüllte Steinwände, die jeden Lichtstrahl zu umarmen schienen, ihn in eine stumme, aber fühlbare Wärme verwandelnd. Ehrfürchtig stellte er die Laterne auf eine natürliche Ablage und setzte sich auf einen glatten Felsen, vielleicht geformt von Jahrtausenden der Erosion.

Dort, eingehüllt in den Mantel der absoluten Stille, fühlte Kiyoshi, als ob jede Schicht seines Seins sanft angehoben wurde. Es war, als hätte er Schleier der Illusion durchstoßen und das Allerheiligste seines Herzens betreten. Er begann zu meditieren, jeder Atemzug eine Reise in die Tiefe, jede Ausatmung eine Rückkehr zum Wesen.

Mit der Zeit, oder vielleicht außerhalb der Zeit selbst, erkannte Kiyoshi eine einfache, aber tiefe Wahrheit. Die Höhle war eine Erweiterung seines Herzens, ein Ort nicht der Flucht, sondern der Begegnung. Eine Begegnung mit sich selbst, ein Dialog ohne Worte oder Urteile. Es war, als hätte er einen heiligen Ort in sich selbst gefunden, einen inneren Altar, wo Frieden kein Gast, sondern ein Bewohner war.

Und gerade als die Laterne ihre letzten Augenblicke des Lichts verbrannte, öffnete Kiyoshi die Augen. Die Höhle war in Dunkelheit getaucht, aber in seinem Inneren leuchtete ein unauslöschliches Licht.

In jenem Moment stürmte ein Hirte namens Hiroshi in die Höhle, keuchend und mit besorgtem Blick. Er hatte ein Schaf verloren, und seine Irrfahrt hatte ihn hierhergeführt.

"Verzeiht, Mönch, ich fürchte, ich habe eure heilige Stille gestört", flüsterte Hiroshi, eine Spur von Furcht in seiner Stimme.

Kiyoshi lächelte mit einer Gelassenheit, die zu strömen schien aus dem Herzen der Erde selbst. "Stille, wenn sie wahr ist, lässt sich nicht so leicht stören."

Bewegt von dieser Ruhe, fragte Hiroshi: "Wie kann ich ähnlichen Frieden finden?"

Kiyoshi sah ihn mit sanften Augen an. "Jeder Mann hat in seinem Herzen eine Höhle. Manchmal lädt uns das Leben ein, sie zu betreten, diesen heiligen Ort zu entdecken, wo das Sein sich in seiner Ganzheit offenbart. Beginnen Sie dort, Hiroshi. Finden Sie Ihren heiligen Raum, innerhalb oder außerhalb, und umarmen Sie die Großartigkeit Ihres authentischen Seins."

Die Lektion war einfach, aber durchdringend wie der Wind, der durch die Spalten des Felsens weht und alles auf seinem Weg verwandelt. Hiroshi nickte, dankte dem Mönch und machte sich auf den Weg, im Gefühl, dass die Suche nach seinem verlorenen Schaf eine unerwartete, aber gesegnete Wendung genommen hatte.

Reflexion

Haben Sie sich jemals gefragt, ob Sie Ihren heiligen Raum gefunden haben, jenen inneren Ort, an dem Sie ganz Sie selbst sein können, ohne Urteile oder Vorurteile? Oft suchen wir Frieden und Gelassenheit im Äußeren, an Orten oder in Menschen, und vergessen, dass die reinste Quelle solchen Friedens in uns selbst liegt.

Kiyoshi entdeckt durch seine Meditation in dieser heiligen Höhle, dass Ruhe und Verständnis nicht nur in der äußeren Welt zu suchen sind.

Sind Sie sich bewusst, dass auch Sie eine Herzenshöhle besitzen? Einen Ort, an dem Sie sich zurückziehen können, fern vom Lärm des Alltags, um Ihr Zentrum wiederzufinden? Fühlen auch Sie das Bedürfnis nach einem symbolischen Ort, an dem Sie die sozialen Masken ablegen können, die das Leben von Ihnen verlangt?

Der unerwartete Besuch von Hiroshi am Ende der Geschichte erinnert uns daran, dass das Leben voller Unterbrechungen und Ablenkungen ist. Doch wie reagieren Sie auf diese Hindernisse?

Lassen Sie zu, dass diese Ihr inneres Gleichgewicht stören, oder haben Sie, wie Kiyoshi, gelernt, dass "Stille, wenn sie wahr ist, sich nicht so leicht stören lässt"? Nehmen Sie sich einen Moment Zeit, um darüber nachzudenken.

Erlauben Sie es sich, leicht gestört zu werden, oder haben Sie ein Gleichgewicht gefunden, das unangreifbar ist?

Die Begegnung mit Hiroshi enthüllt auch eine andere Lehre: Es geht nicht nur darum, Ihren heiligen Raum zu finden, sondern ihn als eine Erweiterung Ihres tiefsten Seins anzuerkennen. "Jeder Mann hat in seinem Herzen eine Höhle", sagt Kiyoshi. Haben Sie also Ihren heiligen Raum identifiziert? Und wenn ja, ehren Sie ihn als eine Erweiterung Ihrer selbst?

Ihr heiliger Raum ist nicht nur ein Zufluchtsort; es ist ein Ort der Begegnung mit sich selbst, ein Dialog ohne Worte oder Urteile.

Kiyoshi lehrt uns, dass innerer Frieden mehr als ein Zustand oder eine Stimmung ist; es ist ein Ort, den wir besuchen können, wann immer wir wollen. Ein Ort, an dem wir wirklich wir selbst sein können, frei von jeder Erwartung und Sorge.

Die Geschichte führt uns zu einem tieferen Verständnis des positiven Denkens. Es geht nicht nur um Optimismus oder darum, Schwierigkeiten mit einem Lächeln zu begegnen. Es geht darum, Ihre authentische Natur zu kennen und zu umarmen, jenen Teil von Ihnen, der unveränderlich bleibt, auch angesichts äußerer Veränderungen.

Wenn Sie das tun können, wie Kiyoshi, werden Sie eine unerschöpfliche Quelle des Lichts und des Friedens entdecken, die von keiner äußeren Umstände erschüttert werden kann. In Ihrer Herzenshöhle werden Sie einen Frieden finden, der nur Ihnen gehört, einen Schatz, den Sie überallhin mitnehmen können.

Denken Sie daran, wahrer Frieden beginnt mit der Intimität mit uns selbst, am heiligsten und unverletzlichsten Ort, den wir haben: unserem Herzen.

38.
Bambuswald:
Elastizität des Geistes

In einem abgeschiedenen Tal, geküsst von der Sonne und gestreichelt vom Wind, erhob sich ein altes Kloster. Haru, ein junger Mönch mit einem brennenden Herzen, war bekannt für seine unermüdliche Suche nach spirituellem Wachstum. Eines Nachmittags, nachdem er eine alte Parabel gehört hatte, beschloss er, im Bambuswald zu spazieren, der das Kloster säumte. Der Wald war wie eine natürliche Kathedrale, wo jeder Bambusstamm wie eine Säule zu Ehren des Universums zu stehen schien. Der Wind spielte süße Melodien, als wäre jeder Grashalm eine Saite eines großen kosmischen Instruments.

Mit jedem Schritt spürte Haru, wie sein Geist sich erhob. Die alten Schriften sagten, dass Bambus ein Symbol für Widerstandsfähigkeit und Anpassungsfähigkeit sei, und er wollte diese Weisheit in seine meditative Praxis aufnehmen. Langsam gehend, fühlte er die Weichheit des Bodens unter seinen nackten Füßen, während die Bambusblätter tanzende Schatten auf den Boden warfen.

Er hielt vor einem besonders hohen Bambusstamm an, der majestätisch im Wind schwankte. Anders als die robusten, aber starren Bäume, die er unter der Kraft der Stürme hatte fallen sehen, schien dieser Bambus mit dem Wind zu tanzen, sich zu beugen, aber nicht zu brechen. Es war, als hätte er das Geheimnis des Gleichgewichts zwischen Stärke und Flexibilität verstanden.

Nachdem er einen flachen Stein neben einen kleinen Teich fand, der den blauen Himmel wie ein Spiegel reflektierte, setzte sich Haru. Die Beine überkreuzt und die Augen geschlossen, versank er in tiefe Meditation. Er stellte sich vor, er sei ein Bambusstamm, sein Körper und sein Geist flexibel, aber stark, schwankend im Wind der Lebensereignisse, aber niemals brechend. Eine ätherische Ruhe durchdrang ihn, und eine Erleuchtung erleuchtete ihn wie ein Blitz am Himmel: Flexibel zu sein bedeutet nicht schwach zu sein; es bedeutet stark genug zu sein, sich anzupassen, ohne zu brechen.

Als er die Augen öffnete, leuchtete in ihm ein neues Verständnis. Er betrachtete die Wurzeln der Bambusstämme, ähnlich den Fingern der Erde, die sich fest in den Boden gruben. Er verstand, dass das Geheimnis ihrer Stärke auch in ihrer Stabilität lag; sie waren fest verwurzelt in der Erde, was es ihnen ermöglichte, flexibel zu sein, ohne zu brechen. Wie der Bambus brauchte auch er ein solides Fundament – von Werten, Prinzipien und einem tiefen Selbstverständnis – um mit dem Leben zu tanzen.

In diesem Moment trat ein alter Bauer namens Taro auf die Szene. Er war gekommen, um Bambussprossen für sein Abendessen zu sammeln. Von Harus meditativer Aura angezogen, näherte er sich.

"Entschuldigt die Störung, junger Mönch," sagte Taro, seine Augen voller Weisheit, die durch die Jahre gewonnen wurde. "Könnt Ihr mir sagen, was Euch ins Herz dieses verzauberten Waldes geführt hat?"

Haru öffnete die Augen und antwortete mit einem Lächeln: "Ich bin hier, um die Lehre des Bambus zu hören, die mir zeigt, wie man in der Lebensreise stark und flexibel ist."

Taro nickte weise und fügte hinzu: "Der Bambus ist ein leiser, aber mächtiger Lehrer. Er beugt sich nicht nur den Herausforderungen, sondern findet auch Wege, dort zu gedeihen, wo andere nachgeben. Er ist ein Emblem unseres Daseins und zeigt uns, wie wir durch die Stürme des Lebens navigieren können."

So fand Haru im Herzen dieses Bambuswaldes ein tieferes Verständnis für sich selbst und das zarte Gleichgewicht, das alle Dinge regiert.

Reflexion

Sind Sie jemals in einem Bambuswald spaziert, wo jeder Schritt eine Umarmung des Bodens ist und der Wind zwischen den Halmen singt?

Vielleicht nicht, aber Sie haben sicherlich Stürme in Ihrem Leben erlebt, die Sie auf die Probe gestellt haben und Sie dazu brachten, nach diesem zarten Gleichgewicht zwischen Stärke und Flexibilität zu suchen. In Harus Geschichte gibt es eine tiefe Lektion über die Elastizität des Geistes, ein Konzept, das der Schlüssel zum Navigieren durch Ihre Stürme sein könnte.

Haben Sie, wie Haru, jemals darüber nachgedacht, was es bedeutet, flexibel, aber stark zu sein?

Die Geschichte zeigt, dass Flexibilität keine Manifestation von Schwäche ist, sondern vielmehr eine Form der stillen Stärke.

Wenn das Leben Ihnen einen Sturm bringt, beugen Sie sich wie der Bambus oder brechen Sie wie ein starrer Baum? Resilienz und Anpassungsfähigkeit sind in Ihrem Wesen verwoben, bereit, hervorzutreten, wenn Sie Widrigkeiten begegnen?

Der Bambus bietet eine erhabene Metapher für diese Lektion. Er ist in der Lage, sich im Wind zu biegen, ohne zu brechen, dank seiner fest im Boden verankerten Wurzeln.

Wie können Sie sich verankern, um den Stürmen standzuhalten, die das Leben unweigerlich jedem von uns präsentiert? Vielleicht ist es durch eine Reihe von unverrückbaren Werten, oder vielleicht durch ein tiefes Bewusstsein dafür, wer Sie sind. Ohne diese Wurzeln könnte Flexibilität zu Zerbrechlichkeit werden.

Sind Sie sich Ihrer "Wurzeln" bewusst, jener Überzeugungen und Prinzipien, die Ihnen die Kraft geben, flexibel zu sein?

Die Lektion, die Haru und jeden von uns aus dem Bambuswald lernen kann, ist so einfach wie tiefgründig. Flexibel, aber stark zu sein, fähig zu sein, sich zu biegen, aber nicht zu brechen, sind Qualitäten, die uns nicht nur helfen, durch die Stürme des Lebens zu navigieren, sondern auch einen dauerhaften inneren Frieden zu finden.

Die Geschichte des Bambus ist eine mächtige Metapher, die Sie dazu einlädt, über die Elastizität Ihres Geistes nachzudenken.

Wie der Bambus zu sein, ist ein Akt des Gleichgewichts: die Stärke zu widerstehen, die Flexibilität sich anzupassen und die Weisheit zu erkennen, wann der richtige Moment für jedes ist.

Und in dieser Erkenntnis werden Sie die Fähigkeit finden, nicht nur die Stürme des Lebens zu bewältigen, sondern auch durch sie zu gedeihen.

39.
Der Lotussee:
Die Schönheit des Einfachen

In einer nicht allzu fernen Welt, in der Klöster seltene Zufluchtsorte in einer turbulenten Welt darstellten, fand sich Kaito verwirrt und von den Dogmen und Ritualen des Klosters, in dem er lebte, erdrückt. Die Steinwände, die alten Schriften und die komplexen buddhistischen Lehren schienen eine Barriere zu bilden, die ihm die Suche nach der in ihm verborgenen Wahrheit verwehrte.

Sein Meister, der weise Mönch Takeshi, bemerkte das besorgte Gesicht seines Schülers während der Meditationssitzungen. Mit durch die Jahreszeiten vieler Herbsttage gezeichneten Augen, die von Falten durchzogen waren, sah Takeshi hinter die äußere Erscheinung. "Kaito, dein Geist gleicht einem Sturm im Wald. Vielleicht ist es an der Zeit, nach Ruhe zu suchen. Geh zum Lotossee. Höre, was Wind und Wasser zu sagen haben."

Kaito nahm den Rat dankbar an, schlüpfte in seine Strohsandalen und begab sich auf den staubigen Pfad, der zum See führte. Während er ging, schien der Gesang der Vögel und das Rauschen der Blätter einen Chor zu bilden, der ihn einlud, seinen Geist zu befreien. Doch erst, als er den Rand des Lotossees erreichte, enthüllte sich ihm das wahre Schauspiel vor seinen Augen.

Der See war wie ein riesiger Spiegel aus Wasser, der den blauen Himmel mit weißen Wolken widerspiegelte. Lotusblumen schwammen auf der Oberfläche wie elegante Tänzer in einer stillen Choreografie, die nur die Natur inszenieren konnte. Kaito hockte sich am Ufer nieder und berührte das frische, feuchte Gras mit den Händen, als würde er die Erde selbst streicheln.

Er atmete tief ein, um die Essenz des Ortes in sich aufzunehmen. Als er seine Augen öffnete, wurde er von einer einzelnen Lotusblume angezogen, die heller zu leuchten schien als die anderen. "Was ist dein Geheimnis?", flüsterte er. Als ob der See und die Blume auf diesen Moment gewartet hätten, spürte Kaito eine Welle des Verständnisses, die seine Sorgen wegwusch.

Die Wahrheit lag dort, in der Lotusblume: eine makellose Darstellung der Anmut, ohne die Last der Komplexität. Es war dann, als Hiroshi, ein Fischer, dessen Boot wie eine kleine schwimmende Insel der Weisheit wirkte, ihm zustimmte: "Der Lotus, verwurzelt im

Schlamm und doch das Licht berührend, ist ein stiller Lehrer. Er zeigt, dass selbst in den trüben Gewässern des Lebens unsere eigene Lichtquelle zu finden ist."

Kaito kehrte ins Kloster zurück, doch dieses Mal mit einem erneuerten Herzen. Die alten Schriften, Rituale und Zeremonien waren keine Ketten mehr, sondern Brücken zu einem tieferen Verständnis. Dank der Lektion, die er von der Natur gelernt hatte, hatte Kaito endlich seinen Weg gefunden, im Hier und Jetzt zu leben und die Schönheit der Einfachheit zu feiern.

Reflexion

Die Geschichte von Kaito am Lotossee ist eine jener Perlen der Weisheit, die Sie für einen Moment dazu einladen, über alles, was Sie kennen oder zu kennen glauben, zu urteilen.

Haben Sie sich jemals von Details, Hindernissen oder Dogmen überwältigt gefühlt, die Sie umgeben? Wie oft haben Sie sich in einer Situation befunden, die der von Kaito ähnlich ist, wo die Komplexität des Lebens Ihre Sicht auf die einfachste und reinste Wahrheit zu verdecken scheint?

Das Kloster, mit seinen soliden Steinmauern und seinen komplexen Lehren, symbolisiert jede Umgebung oder jeden Glauben, der Sie mehr verwirrt als leitet.

Haben Sie sich jemals gefragt, ob die Werkzeuge, die Sie verwenden, um die Wahrheit zu suchen, die Wahrheit selbst verbergen? Wie Kaito müssen Sie vielleicht einen Moment innehalten und einen Ort oder einen inneren Raum finden, der es Ihnen ermöglicht, klarer zu sehen.

Der Lotossee dient als mächtiges Symbol für diese Reinheit und Einfachheit. Denken Sie an Ihre "Version" dieses Sees. Wo fühlen Sie sich am wohlsten? Ist es ein physischer Ort oder ein innerer Raum, den nur Sie kennen?

Während Sie darüber nachdenken, stellen Sie sich vor, wie Sie das frische, feuchte Gras berühren, die Luft einatmen und von einer einzelnen Lotusblume angezogen werden, die heller leuchtet als die anderen. Welche einfache Wahrheit offenbart sie Ihnen?

Die Lotusblume, die im Schlamm wächst und dennoch nach Licht strebt, zeigt Ihnen, dass Schönheit und Einfachheit auch in den schwierigsten Umständen gefunden werden können. "Auch in den trüben Gewässern des Lebens können wir unsere eigene Lichtquelle finden", sagt Hiroshi, der Fischer.

Also, was ist Ihr "trübes Wasser"? Und wie können Sie Ihre eigene Lichtquelle berühren, selbst wenn Sie sich darin vertieft sehen?

Wenn Kaito ins Kloster zurückkehrt, hat sich seine Perspektive verändert. Die alten Schriften und Rituale sind keine Ketten mehr, sondern Werkzeuge, die ihn seiner reinen Essenz näherbringen. Auch Sie könnten, bewaffnet mit der Lektion der Lotusblume, feststellen, dass die Dinge, die Ihnen einst als Hindernisse erschienen, tatsächlich Werkzeuge sind, die Sie Ihrer reinsten Essenz näherbringen.

Die Schönheit der Einfachheit ist eine offene Tür zur inneren Ruhe, eine Tür, die jeder von uns wählen kann, zu durchschreiten. Wie die Lotusblumen, die auf dem See schwimmen, können auch wir in der Einfachheit, die wir oft übersehen, einen Sinn für Frieden und Sinn finden, der immer für uns da ist.

Also, das nächste Mal, wenn Sie sich von der Komplexität des Lebens überwältigt fühlen, erinnern Sie sich an den Lotossee. Denn es gibt nichts Befreienderes, als zu entdecken, dass die Wahrheit immer da war, in der Schönheit der Einfachheit, wartend darauf, dass Sie sie sehen.

40.
Der Zen-Garten:
Harmonie zwischen Ordnung und Chaos

Masaru war ein Mönch von leidenschaftlichem Geist, stets auf der Suche nach Perfektion. In dem ruhigen Kloster, in dem er lebte, wurde er zum Hüter des heiligen Zen-Gartens ernannt, eine Aufgabe, die er mit Ehrfurcht und Feierlichkeit annahm. Jeden Morgen, wenn der erste Hauch des Lichts den Himmel durchbrach, stand Masaru bereits auf, versunken in Meditation auf den Steinen und dem Sand des Gartens. Mit einem Rechen mit feinen Zinken zeichnete er sorgfältig gewundene Linien in den Boden, um komplexe Muster zu formen, die die Strömungen und Gezeiten des Universums repräsentierten.

Die Natur jedoch hatte ihren eigenen Willen. Jeden Tag spielte der Wind mit dem Sand und verwandelte die geordneten Linien in ein

Kaleidoskop unerwarteter Formen. Launische Vögel nahmen Zweige und ließen sie auf den Boden fallen. Die vom umgebenden Baumbestand herabgefallenen trockenen Blätter wirbelten herunter wie Herbstschneeflocken und brachen die Harmonie, die Masaru mit so viel Hingabe geschaffen hatte.

An einem Morgen erreichte die Frustration ihren Höhepunkt. "Warum," seufzte Masaru, "kann ich nicht die vollkommene Ordnung aufrechterhalten? Bin ich als Hüter dieses heiligen Ortes ungeeignet?"

Meister Anzu, mit Augen so tief wie Brunnen der Weisheit, hatte das Leiden seines Schülers bemerkt. Er trat näher an Masaru und legte ihm eine Hand auf die Schulter. "Was bedrückt deinen Geist, mein junger Freund?"

Masaru schaute den Meister an und sprach mit einer Stimme voller Verwirrung: "Egal wie sehr ich mich anstrenge, Meister, der Garten entgleitet meiner Kontrolle. Es scheint fast, als hätte er einen eigenen Willen, der sich gegen mein Streben nach Ordnung auflehnt."

Anzu lächelte, sein Gesicht entspannt wie ein ruhiger See. "Hast du jemals darüber nachgedacht," sagte er sanft, "dass die wahre Harmonie vielleicht genau im Gleichgewicht zwischen der Ordnung, die du zu schaffen versuchst, und dem Chaos liegt, das die Natur dir spontan bietet?"

Diese Worte drangen in Masarus Seele wie ein Tropfen Wasser in einem ruhigen See und erzeugten sich ausbreitende Wellen des Verständnisses.

Er setzte sich mitten in den Garten, legte den Rechen beiseite und meditierte. Zum ersten Mal öffnete er sich der Möglichkeit, dass Ordnung und Chaos keine gegensätzlichen Kräfte sein könnten, sondern sich ergänzten. Und als hätte er gerade ein Fenster geöffnet, spürte er einen sanften Wind, der sein Gesicht streichelte, als Zeichen der Zustimmung aus dem Kosmos.

Von diesem Moment an änderte sich seine Herangehensweise an die Gartenarbeit. Er versuchte nicht mehr, die Natur zu beherrschen, sondern mit ihr zu tanzen. Er begann, die herabgefallenen Blätter als von der Jahreszeit dargebrachte Schätze zu sehen und das Spiel des Windes im Sand als die Berührung eines unsichtbaren Künstlers, der seinem Werk Überraschung und Schönheit hinzufügte.

Der innere Frieden, den Masaru verzweifelt suchte, kam nicht mehr aus dem Bedürfnis nach absoluter Kontrolle, sondern aus der Akzeptanz und Harmonisierung der sich unterscheidenden Energien, die das Gefüge des Lebens ausmachten. Sein Garten wurde zu einem Mikrokosmos dieser ewigen Weisheit, ein Heiligtum, das jeden Besucher einlud, das Gleichgewicht im ewigen Tanz zwischen Ordnung und Chaos, zwischen Handeln und Akzeptanz, zu entdecken.

Und so wie die Blütenblätter einer Blume, die sich öffnen, um das Sonnenlicht zu empfangen, wurden Masaru und sein Garten zu einer Einheit, zu einem lebendigen Symbol für die Harmonie, die entstehen kann, wenn wir alle Teile von uns selbst und der Welt um uns herum willkommen heißen.

Reflexion

Haben Sie sich jemals gefragt, wie viel Kontrolle Sie ausüben müssen, um ein harmonisches Leben zu führen? Vielleicht haben Sie, wie Masaru, versucht, jeden Aspekt Ihres Lebens zu ordnen, nur um festzustellen, dass einige Elemente sich Ihrer Kontrolle zu entziehen scheinen. Und wenn die Schlüssel zu einem harmonischen Leben genau in Ihrer Fähigkeit liegen könnten, mit dem Chaos zu tanzen, anstatt zu versuchen, es zu ersticken?

Die Geschichte von Masaru bietet eine wichtige Lektion über das Konzept des Gleichgewichts. Es geht nicht nur darum, eine Atmosphäre der Perfektion und Ordnung zu schaffen; es ist genauso wichtig, das intrinsische Chaos anzuerkennen und zu akzeptieren, dass das Leben uns präsentiert. Haben Sie jemals in Betracht gezogen, dass vielleicht sogar Hindernisse, Unsicherheiten und sogar Ihre eigenen Unvollkommenheiten Ihre größten Lehrer sein könnten?

Anfangs versuchte Masaru, einen Zen-Garten perfekt zu pflegen, aber jeden Tag führte die Natur Elemente der Unordnung ein: der Wind, die Vögel, die herabgefallenen Blätter. Passiert Ihnen dasselbe? Haben Sie vielleicht bemerkt, dass es egal ist, wie sehr Sie planen oder kontrollieren, es wird immer Faktoren geben, die außerhalb Ihrer Kontrolle liegen.

Aber sind Sie wirklich ungeeignet, wenn Sie nicht alles perfekt unter Kontrolle halten können? Der Wendepunkt für Masaru kommt, als Meister Anzu ihm vorschlägt, dass wahre Harmonie vielleicht genau im Gleichgewicht zwischen der Ordnung, die er sucht, und dem Chaos liegt, das das Leben spontan bietet.

Und Sie, haben Sie jemals darüber nachgedacht, dass Sie möglicherweise Ihre innere Ruhe in der Akzeptanz und Integration dieser Gegensätze finden könnten? Masaru findet ein neues Gleichgewicht, indem er aufhört, gegen die Natur zu kämpfen, und stattdessen mit ihr tanzt. Sie können dasselbe tun. Anstatt jeden Unsicherheitsfaktor oder Schwierigkeit aus Ihrem Leben zu eliminieren, versuchen Sie sie als Gelegenheiten zum Wachsen und Lernen zu sehen. Sie könnten die Berührungen eines "unsichtbaren Künstlers" sein, die Tiefe und Schönheit zu Ihrem Leben hinzufügen.

Also, wie würde Ihr Tanz mit dem Leben aussehen? Wie können Sie die scheinbar entgegengesetzten Kräfte in Ihrer inneren und äußeren Welt harmonisieren? Und wenn die Hindernisse, denen Sie begegnen, nicht Barrikaden für Ihr Glück sind, sondern vielmehr Ecksteine, auf denen Sie ein erfüllteres und zufriedeneres Leben aufbauen können?

Masaru entdeckt, dass wahrer Frieden aus der Harmonisierung der unterschiedlichen Energien entsteht, die das Gewebe des Lebens ausmachen. Und wenn auch Sie Ihre einzigartige Form des Gleichgewichts finden könnten, indem Sie alle Aspekte von sich selbst und der Welt um Sie herum akzeptieren?

Wenn wir durch den Garten unseres Lebens gehen, können wir von Masaru und seinem Zen-Garten lernen. Wir können unseren inneren Frieden nicht in einer starren Kontrolle finden, sondern im Gleichgewicht: einem Gleichgewicht, das Ordnung und Chaos in einer harmonischen Umarmung willkommen heißt.

So, wie Masaru, lieber Leser, könnten auch Sie Ihre innere Ruhe in der Harmonie finden, die die Gegensätze vereint, in der sanften Balance, die das Leben zu einem Zen-Garten unendlicher Schönheit macht. Wie?

Die Antwort, wie Masaru herausfindet, könnte genauso einfach wie tief sein: nicht widerstehen, sondern tanzen.

41.
Der stille Fluss:
Die Geduld - eine Tugend

Es war ein Tag, gehüllt in eine himmlische Stille, als der Mönch Yuki, in seiner gewohnten Robe gekleidet, die Pfade durch den umliegenden Wald des alten Klosters betrat. Die Blätter der Bäume bewegten sich sanft im Rhythmus des Windes, als würden sie zur Melodie der Stille tanzen. Aber es war der Fluss, jener Fluss, den er unzählige Male gesehen hatte, der seine Aufmerksamkeit auf sich zog wie nie zuvor. Der Fluss, der gewöhnlich seine Gewässer zwischen den Felsen kunstvoll verflocht, schien eine Pause eingelegt zu haben.

"Was für ein seltsamer Zauber ist das?", dachte Yuki, fast fasziniert und gleichzeitig verwirrt. Die Wasser, die immer ein Symbol für ewige Bewegung gewesen waren, schienen einen Moment reiner, unerwarteter Stille gefunden zu haben.

Sehr neugierig kehrte Yuki zum Kloster zurück - dem pulsierenden Herzen alter Weisheit - und suchte nach Meister Hakuin. Er fand ihn im Zen-Garten, wie er mit einem langen Bambusstock Kreise in den Sand zeichnete. "Meister, warum liegt der Fluss, der immer wie der Wind getanzt hat, heute so still wie die Nacht? Ist es nicht die Natur des Wassers zu fließen?"

Meister Hakuin hob den Blick, seine durchdringenden Augen schienen Yukis Seele zu durchleuchten. "Yuki, wie oft haben wir den Mond in diesem Fluss reflektiert gesehen? Und doch haben wir niemals denselben Fluss zweimal gesehen. Unter dieser scheinbaren Reglosigkeitsebene vollziehen Millionen von Wassertropfen ihren unsichtbaren Tanz. Geduld ist so: Sie mag wie ein ruhiger See erscheinen, aber unter der Oberfläche verbirgt sich ein Strom von Kraft und Entschlossenheit."

Die Weisheit in den Worten von Meister Hakuin hallte in Yukis Herzen wider wie eine Glocke in einem stillen Tal. Yuki begann jeden Tag am Ufer dieses rätselhaften Flusses zu meditieren. Er beobachtete nicht nur die Oberfläche, sondern schloss die Augen, um den Geheimnissen zuzuhören, die der Fluss flüsterte: das leise Plätschern des Wassers gegen die Steine, die sanften Lieder der Vögel, die tief flogen. Jeder Klang sprach von der verborgenen Komplexität hinter der Einfachheit, von der Stärke, die sich hinter der Ruhe verbarg.

"Geduld ist wirklich wie dieses Wasser", reflektierte Yuki. "In ihr steckt eine stille Kraft, eine Widerstandsfähigkeit, die über jedes Hindernis mit stoischer Gelassenheit hinausgeht. Sie ist der lautlose Motor, der meine Suche nach innerem Frieden antreibt."

Im Laufe der Zeit wurde Yukis ruhige Gelassenheit innerhalb der Jahrhunderte alten Klostermauern legendär. Auch die jüngeren Mönche bemerkten eine fast ätherische Leuchtkraft, die von ihm ausging, ein Licht, das nur tiefer innerer Frieden verleihen kann. Yuki wurde zur Quelle der Inspiration und teilte seine Entdeckung wie ein kostbarer Edelstein: "Geduld ist nicht nur eine Tugend, sie ist eine Kunst. Eine Kunst, die, einmal gemeistert, uns zu Bildhauern unserer eigenen Seele macht, die in unserem Inneren einen Zufluchtsort gestaltet, in dem wir Ruhe finden können."

Und so erinnerte Yuki in jeder seiner Lehren, in jeder seiner Gespräche sich selbst und andere an die Lehre des reglosen Flusses: Dass Geduld, in ihrer scheinbaren Stille, ein wunderbar geordnetes Chaos von Kräften im Spiel ist, ein ewiger Tanz von Wasser und Zeit, der uns lehrt, mit Anmut durch die Windungen des Lebens zu fließen.

Reflexion

Gab es jemals einen Moment in Ihrem Leben, in dem Sie sich wie der Fluss in Yukis Geschichte und Meister Hakuins gefühlt haben? Eine Zeit, in der es scheinbar stillstand, als wären Sie zu einem ruhigen See geworden, anstatt ein fließender Fluss zu sein? Manchmal scheint unser Leben in Bewegungslosigkeit zu erstarren und erzeugt eine innere Spannung, die unsere Geduld auf die Probe stellt.

Haben Sie sich vielleicht gefragt: "Warum komme ich nicht voran? Wo ist meine Energie geblieben?" Doch genauso, wie Yuki durch die Weisheit von Meister Hakuin entdeckte, verbirgt sich unter der ruhigen Oberfläche eine Welt voller Aktivität und Bewegung. Geduld ist ein stiller Dynamismus. Es ist ein Fluss unter der scheinbar ruhigen Oberfläche, geladen mit Potenzial und Kraft.

Haben Sie jemals darüber nachgedacht, dass Geduld nicht nur ein simples Warten sein könnte, sondern eine absichtliche Handlung? Es ist keine Aufgabe, sondern ein Akt des Vertrauens in den unsichtbaren Tanz des Lebens. Es ist wie die Kreise im Sand des Zen-Gartens, die von Meister Hakuin gezeichnet wurden: einfach an der Oberfläche, aber in ihrer Essenz tiefgreifend bedeutend.

Also, was bedeutet es wirklich, die Kunst der Geduld zu beherrschen? Es bedeutet, eine ruhige Widerstandsfähigkeit zu entwickeln, die es Ihnen ermöglicht, Hindernisse und Widrigkeiten mit stoischer Gelassenheit zu bewältigen. Es bedeutet, die Realität zu beobachten, ihre Nuancen zu erkennen und angemessen zu handeln. Genau wie Yuki wurde ein Leuchtturm der Weisheit und der Ruhe, können auch Sie ein Hüter Ihres eigenen inneren Friedens werden.

Wie können Sie diese Lektion in Ihrem täglichen Leben anwenden? Sie könnten mit einer tiefen Meditationsübung beginnen, vielleicht in einer natürlichen Umgebung, die Sie inspiriert. Schließen Sie die Augen und stellen Sie sich einen Fluss in sich vor. Lauschen Sie dem Fluss, erkennen Sie seine leisen Geräusche und entdecken Sie seinen verborgenen Tanz. Betrachten Sie Ihre Geduld so, wie Yuki den Fluss betrachtet hat: als ein Element von Stärke und Entschlossenheit, das hinter der Ruhe verborgen ist.

In Ihrer Reise zur inneren Weiterentwicklung wird die Geduld Ihr treuester Begleiter sein. Die Frage ist also: Sind Sie bereit, den stillen Tanz zu erlernen, der die Kunst der Geduld antreibt? Sind Sie bereit, sie zu Ihrem lautlosen Motor auf dem Weg zu innerem Frieden werden zu lassen? Denken Sie daran, wie der ruhende Fluss ist auch Ihre Geduld ein wunderbar geordnetes Chaos von Kräften. Und in ihrer Stille gibt es eine innere Bewegung, einen ewigen Tanz, der Sie einlädt, mit Anmut durch die Windungen des Lebens zu fließen.

42.
Adlerflug:
Bedeutung der Loslösung

Toshiro, der junge Mönch, erklomm den Berg, der das Tal überragte, wo die alten Mauern des Klosters im Kontrast zu den umliegenden grünen Weiden standen. Von diesem Gipfel aus schien die Welt ein Miniaturgemälde zu sein, und der Wind trug Echos von monastischen Gesängen und von Blättern, die in der Luft tanzten.

Während sein Blick umherschweifte, fing er die majestätische Gestalt eines Adlers ein, der hoch am Himmel flog. Die Flügel des Adlers waren weit ausgebreitet, fast als ob sie die aufsteigenden Strömungen des Windes streichelten. Und doch, trotz der Höhe und der Entfernung vom Boden, strahlte der Vogel ein Gefühl von unerschütterlicher Gelassenheit aus.

Toshiro fühlte sich wie hypnotisiert. "Wie schafft es dieser Adler, mit solcher Leichtigkeit und Gleichgültigkeit zu schweben, an einem Punkt zwischen Himmel und Erde, zwischen Heiligem und Profanem?" fragte er sich. In diesem Moment wurde sein Geist von einer Offenbarung erleuchtet. Der Adler konnte frei und gelassen sein, weil sein Flug eine Übung des Loslassens war, eine Befreiung von den Fesseln der Welt darunter.

Zurück im Kloster suchte Toshiro sofort seinen Meister Hikaru auf. "Meister," begann er eifrig, "ich habe einen Adler beobachtet, der im Himmel schwebte und ich habe verstanden, dass Loslösung der Schlüssel ist, um die Welt mit ungetrübten Augen zu betrachten. Wie kann ich mit dieser Art von Freiheit und Frieden leben?"

Hikarus Gesicht erhellte sich mit einem süßen Lächeln und er antwortete weise: "Ah, der Adler! Er beunruhigt sich nicht über die unter seinen Flügeln wütenden Stürme oder die feindlichen Winde, die versuchen, ihn abzudrängen. Er erhebt sich über all das. Ebenso ermöglicht dir das Loslassen, über den emotionalen Stürmen und den Konflikten zu stehen, die das irdische Leben kennzeichnen."

Toshiro nahm die Worte seines Meisters zu Herzen. In den Tagen und Wochen darauf, jedes Mal, wenn er sich von Emotionen oder Umständen überwältigt fühlte, schloss er die Augen und stellte sich vor, dieser Adler zu sein. Er fühlte, wie seine spirituellen Flügel ihn über das Getümmel hoben und ihm erlaubten, die Situation mit neuer Klarheit zu betrachten.

"Ich bin nicht gezwungen, auf jeden Reiz oder jede Störung zu reagieren," reflektierte er. "Ich kann wählen, ein Beobachter zu sein, frei von Bindungen, die mich hinuntergezogen hätten."

Und Toshiro lernte, dass Loslösung nicht Synonym für Kälte oder Desinteresse ist. Im Gegenteil, es ist eine Form der Weisheit, die es dir ermöglicht, auf authentischere und liebevollere Weise mit der Welt zu interagieren.

Mit der Zeit wurden seine Gelassenheit und seine Klarheit unter seinen Brüdern im Kloster legendär. Er teilte mit ihnen das Geheimnis des Adlersflugs und lehrte, dass Loslösung keine Flucht, sondern ein Aufstieg ist; kein Rückzug, sondern eine höhere Form der Beteiligung.

Reflexion

Wie erheben Sie sich über die täglichen Herausforderungen, den emotionalen Tumult und das unaufhörliche Gerede des Lebens? Haben Sie sich jemals von Stress oder Sorgen überwältigt gefühlt, unfähig, die Situation als Ganzes zu sehen?

Die Geschichte von Toshiro und dem Adler bietet eine erleuchtende Antwort: die Macht der Loslösung.

Stellen Sie sich vor, Sie wären dieser Adler, schwebend zwischen Himmel und Erde auf einem schwindelerregenden Höhepunkt. Genau dort findet der Adler einen Ausgleichspunkt, der es ihm ermöglicht, trotz Wind und Sturm frei zu fliegen.

Und wenn Sie das Gleiche tun könnten? Wenn Sie sich über Ihre Umstände erheben könnten, das Leben aus einer höheren Perspektive betrachten?

Loslösung ist kein Rückzug von der Welt oder eine Form des Desinteresses. Es ist vielmehr ein Zustand der Freiheit, der es Ihnen ermöglicht, authentischer mit der Welt zu interagieren. Denken Sie an all die Male, in denen Emotionen oder Situationen Sie hinuntergezogen haben, Ihre Gelassenheit oder Ihr Wohlbefinden negativ beeinflussend.

Was würde sich ändern, wenn Sie sich statt impulsiv zu reagieren einen Moment nehmen würden, um sich spirituell zu erheben, wie der Adler?

Diese Art der Loslösung ist ein doppelter Segen. Einerseits bietet sie Ihnen die Freiheit, nicht von vergänglichen Emotionen oder schwierigen Umständen beherrscht zu werden. Andererseits ermöglicht sie es Ihnen, diese Probleme mit größerer Klarheit und Weisheit anzugehen. Toshiro fand in der Gestalt des Adlers eine Führung für seinen spirituellen Weg, etwas, das auch Sie tun könnten.

Was könnte sich in Ihrem Leben ändern, wenn Sie eine ähnliche Sichtweise übernehmen würden?

Aber wie können wir im Alltag Loslösung üben? Es beginnt mit dem Bewusstsein. Jedes Mal, wenn Sie sich überwältigt oder festgefahren fühlen, machen Sie eine Pause. Schließen Sie die Augen und stellen Sie sich vor, Sie wären dieser Adler, frei und gelassen, die Situation von oben betrachtend. Dies wird es Ihnen ermöglichen, nicht nur die Details, sondern auch das große Ganze zu sehen, und Ihnen erlauben zu handeln, anstatt zu reagieren.

Und weiter, wenn Loslösung der Schlüssel zu einer höheren Form der Beteiligung an der Welt wäre?

Loslösung ist kein Rückzug, sondern vielmehr ein tieferes Eintauchen in die Realität. Es ist eine Form der Weisheit, die Sie zu Liebe und Mitgefühl befähigt, gerade weil Sie frei von den Bindungen sind, die Sie hinuntergezogen hätten.

Und so lade ich Sie ein, den Flug des Adlers als ein Symbol für Loslösung und Freiheit zu betrachten. Lassen Sie sich nicht von emotionalen Stürmen oder den Drücken des Lebens gefangen nehmen. Erheben Sie sich, wie der Adler, und Sie werden einen unvergleichlichen Frieden und Klarheit finden.

Wie immer liegt der Schlüssel zu einem ruhigen Leben in Ihren Händen; Sie müssen sie nur öffnen und den Wind Sie in die Höhe tragen lassen.

43.
Rose und Dornen:
Süßes und Bitteres annehmen

Im tiefen Schweigen der Dämmerung fand sich Kaito erneut im verzauberten Garten des Klosters wieder. Das goldene Licht der untergehenden Sonne erleuchtete die Blätter, während der Duft der Rosen die Luft durchdrang, die Sinne streichelnd wie eine alte Melodie. Sein Schritt war leicht, als ob er auf einer Wolke wanderte.

Wieder berührte er die samtigen Blütenblätter einer Rose, jenes Symbol der vergänglichen Schönheit. Es war, als ob die Blume Geschichten von Liebe und Leidenschaft flüsterte, von Dingen, die aufblühen und dann verwelken. Diesmal, mit einem tieferen Bewusstsein, nahm er vorsichtig die Blume zwischen die Finger. Das Stechen der Dornen war ein sofortiger Weckruf, eine kleine Wunde, die von einer ewigen Wahrheit erzählte.

Kaito, mit der Rose noch in der Hand, ging zum Teehaus, wo Meister Takeshi gerade den zeremoniellen Matcha zubereitete. Der Raum strahlte eine Aura der Ruhe aus, jedes Objekt und jede Bewegung schien Teil eines heiligen Tanzes zu sein. "Meister Takeshi", rief Kaito aus und öffnete die Handfläche, um die kleine Wunde zu zeigen, "warum schenkt uns das Leben Momente der Ekstase, nur um ihnen Augenblicke des Leidens entgegenzusetzen?"

Takeshi goss den grünen Tee mit festen Händen, seine Augen waren Brunnen der Weisheit. "Siehst du, die Dornen sind Wächter des Schönen", begann er. "Sie sind nicht da, um dich zu bestrafen, sondern um dich zu lehren. Jede Rose hat ihre Dornen, wie jeder Tag seine Nacht hat. Es handelt sich nicht um Gegensätze, sondern um Ergänzungen."

Kaito lauschte fasziniert, während der Meister fortfuhr: "Du kannst den Duft der Rose nur genießen, wenn du bereit bist, das Stechen ihrer Dornen zu riskieren. Ebenso hebt der bittere Geschmack des Tees, den wir trinken, seine inhärente Süße hervor."

In den folgenden Tagen entdeckte Kaito neue Ebenen der Akzeptanz. Er begegnete den Freuden und Schmerzen des Lebens nicht als Antagonisten, sondern als stille Lehrer. Er begann, Schwierigkeiten als Chancen für Wachstum zu sehen und Momente der Freude als heilige Räume der Dankbarkeit und Demut.

Eines Morgens, während er die Novizen unterrichtete, benutzte Kaito die Rose als Symbol in einer Lektion. "Jede Erfahrung, ob schön oder hässlich, ist ein Blütenblatt an dieser Rose, die das Leben ist. Lehnt die Dornen nicht ab, sondern schätzt sie für das, was sie sind: Boten der Weisheit, die euch helfen, die Schönheit der Blütenblätter zu schätzen."

Mit der Zeit verbreitete sich der Ruhm von Kaitos Weisheit weit über die Grenzen des Klosters hinaus. Die Menschen kamen aus weit entfernten Orten, um seine Worte zu hören. Und jedes Mal, wenn er sprach, war es, als ob eine unsichtbare Rose im Herzen des Zuhörers blühte, ein perfektes Gleichgewicht von Süße und Bitterkeit, das den Weg zum inneren Frieden erleuchtete.

Reflexion

Was repräsentiert die Rose für Sie? Und die Dornen?

Wie oft in Ihrem Leben haben Sie eine berührt, ihre Schönheit bewundert und das Stechen ihrer Dornen gespürt?

In dieser Geschichte entdeckt Kaito eine grundlegende Wahrheit, die auf uns alle zutrifft: Das Leben ist ein Tanz zwischen Süße und Bitterkeit, zwischen Freude und Schmerz. Ist Ihnen das jemals aufgefallen?

Haben Sie jemals darüber nachgedacht, dass Ihre Fähigkeit, die Schönheit des Lebens zu schätzen, direkt proportional zu Ihrer Bereitschaft sein könnte, seine Schwierigkeiten zu akzeptieren?

Meister Takeshi bietet Kaito nicht nur Tee an; er bietet Weisheit.

"Die Dornen sind Wächter des Schönen", sagt er. Sie sind nicht da, um uns zu schaden, sondern um uns zu lehren. Dieses Konzept offenbart ein tiefes Bewusstseinsniveau.

Haben Sie sich jemals gefragt, wie sich Ihr Leben ändern könnte, wenn Sie Herausforderungen und Schwierigkeiten als "Wächter des Schönen" und nicht als Hindernisse betrachten würden, die es zu überwinden gilt?

Takeshi fährt fort und betont, dass Süße und Bitterkeit, Freude und Schmerz nicht im Gegensatz stehen, sondern sich ergänzen. So wie der bittere Geschmack des Tees seine Süße hervorhebt, so können auch die Momente des Leidens den Momenten der Freude in Ihrem Leben Resonanz verleihen. Haben Sie bemerkt, wie glückliche Momente oft auf Zeiten des Kampfes folgen? Und haben Sie jemals darüber nachgedacht, dass es gerade diese Schwierigkeiten sein könnte, die solche Momente so süß machen?

Kaito integriert diese Weisheit dann in sein tägliches Leben. Er betrachtet jede Erfahrung, ob schön oder hässlich, als ein Blütenblatt an der Rose des Lebens. Und Sie? Haben Sie jemals versucht, Ihre Erfahrungen auf diese Weise zu sehen? Wenn Sie jede Herausforderung als eine Gelegenheit zum Wachstum und jeden glücklichen Moment als eine Gelegenheit für Dankbarkeit und Demut betrachten könnten, wie würde das Ihre Sicht auf das Leben verändern?

Die Geschichte von Kaito lädt uns ein, eine Form des positiven Denkens zu erkunden, die über die einfache Optimierung oder Schmerzvermeidung hinausgeht. Es geht nicht darum, immer die "positive Seite" der Dinge zu suchen, sondern jedes Element des Lebens als einen stillen Lehrer zu akzeptieren, der uns helfen kann zu wachsen.

Erscheint Ihnen das als ein erreichbares Ziel? Und wenn ja, wie könnte es Ihren Weg zu größerem Bewusstsein und Wohlbefinden beeinflussen?

Es ist nicht notwendig, in einem Kloster zu leben oder an einer Teezeremonie teilzunehmen, um diese Lehren anzuwenden. Es reicht, das Herz und den Verstand zu öffnen, wie Kaito, und die Rose und die Dornen des Lebens mit gleicher Achtung und Dankbarkeit anzunehmen.

So lade ich Sie ein, Ihre persönliche 'Rose' in die Hand zu nehmen, mit all ihren Dornen und Blütenblättern. Akzeptieren Sie ihre Ganzheit, und Sie werden sehen, dass innerer Frieden nicht fern ist.

Das Leben ist ein Mosaik aus Kontrasten, und inmitten dieser Kontraste liegt ein tiefer, andauernder Frieden.

Der Schlüssel, ihn zu finden, liegt einfach darin, alles, was das Leben zu bieten hat, mit Liebe und Bewusstsein anzunehmen.

44.
Vollmond:
Innere Ganzheit

In jener Nacht schien der sternübersäte Himmel ein Silbermantel gewoben zu haben, und im Zentrum dieses prächtigen himmlischen Wandteppichs leuchtete der Vollmond, ein Juwel, eingebettet in die Unendlichkeit. Hiroshi, der Mönch, verließ das Kloster mit einem Herzklopfen der Erwartung und folgte einem alten, moosbedeckten Pfad, der sich schlängelnd zu einem abgeschiedenen Hügel hinaufzog. Es war, als ob das Schicksal selbst ihn rief.

Als er die Spitze erreichte, fand er einen alten Felsen, geglättet von Zeit und Elementen, der scheinbar Jahrhunderte darauf gewartet hatte, dass jemand seine stumme Botschaft versteht. Als er sich setzte, schien der Felsen ihn wie einen alten Freund zu begrüßen. Hiroshi schaute auf: Der Vollmond blickte auf ihn herab, oder zumindest schien es ihm so. Er spürte, wie sein Herz sich ausdehnte, als würde es eine universelle Wahrheit aufnehmen, die zu groß war, um in Worten ausgedrückt zu werden. In jenem Moment überkam ihn eine Welle des Friedens, und Hiroshi wusste, dass er vollständig war. Als hätte er einen Teil von sich wiederentdeckt, von dem er glaubte, ihn verloren zu haben.

In den Wochen zuvor hatte Meister Kaito oft über innere Vollständigkeit während der Morgenlehren gesprochen. "Vollständigkeit", erklärte sie, "ist nicht etwas, das man wie eine Medaille gewinnt. Es ist ein Werden, eine Rückkehr zur Quelle." Doch Hiroshi, wie viele andere, hatte diese Worte als ein unlösbares Rätsel gehört, ein Ideal, das vielleicht eines fernen Tages erreicht werden könnte.

Bei Tagesanbruch kehrte er ins Kloster zurück, sein Geist erfüllt von einer Ruhe, die er zuvor nie gespürt hatte. Er fand seinen Meister Kaito, im Garten zwischen Hibiskus und Orchideen, vertieft in Gedanken. "Der Vollmond hat zu mir gesprochen", sagte Hiroshi, "nicht mit Worten, sondern mit einer Wahrheit, die jede Faser meines Seins durchdrungen hat. Ich habe die Vollständigkeit gespürt und wusste, dass ich nicht weiter suchen musste."

Kaito hob den Blick, und für einen Moment sah Hiroshi etwas Unbeschreibliches in den Augen des Meisters – ein unendliches Meer des Verstehens und der Liebe. "Der Mond war ein Wegweiser für viele vor dir", sagte Kaito, "aber wenige haben wirklich zugehört. Du hast entdeckt, dass Vollständigkeit kein Ziel ist, sondern ein Seinszustand."

In den Tagen und Wochen, die folgten, verkörperte Hiroshi jenen Vollmond für die anderen Mönche und für Besucher, die auf der Suche nach Weisheit waren. Nicht weil er ein Ziel erreicht hatte, sondern weil er eine grundlegende Wahrheit verstanden hatte: Vollständigkeit ist eine innere Reise, ein Erkennen dessen, was bereits da ist.

Reflexion

Vielleicht haben Sie schon einmal in den nächtlichen Himmel geschaut, um den Vollmond zu beobachten, auf der Suche nach Antworten, die immer gerade außerhalb Ihrer Reichweite zu sein scheinen.

In solchen Momenten, wie fühlen Sie sich? Unvollständig? Auf der Suche nach etwas, das Sie nicht definieren können?

Wie Hiroshi haben Sie vielleicht in Lehren, Büchern und Dialogen nach Antworten gesucht. Aber haben Sie jemals darüber nachgedacht, dass die Vollständigkeit, nach der Sie sich sehnen, bereits in Ihnen ist? Meister Kaito sagt es klar: Vollständigkeit "ist nicht etwas, das man wie eine Medaille gewinnt. Es ist ein Werden, eine Rückkehr zur Quelle."

Haben Sie sich jemals einen Moment Zeit genommen, um über diese tiefe Wahrheit nachzudenken?

Vielleicht haben Sie Ihr Leben lang nach fehlenden Stücken gesucht. Womöglich haben Sie sich mit anderen verglichen, Ihren Wert anhand von Punkten, Titeln oder materiellen Gütern gemessen. Aber haben Sie jemals in Betracht gezogen, dass die äußere Suche eine Ablenkung von der inneren Reise ist, die Sie unternehmen sollten? Der Vollmond in der Geschichte ist nicht nur ein astronomisches Symbol; er ist eine Erinnerung daran, dass Vollständigkeit in einem natürlichen Zustand existiert, ohne dass Zusätze oder Veränderungen benötigt werden. Und wenn das auch für Sie zutreffen würde?

Wenn Hiroshi auf dem alten Felsen sitzt, empfängt er einen Moment der wortlosen Wahrheit, einen Moment, der alles verändert. Und Sie? Sind Sie bereit, solche Momente der Stille in Ihrem Leben zu akzeptieren, um die Weisheit aus der Tiefe Ihres Seins aufsteigen zu lassen? Wie oft gönnen Sie sich die Ruhe, den Geist von Ablenkungen zu befreien und die leise Stimme Ihres tiefsten Ichs zu hören?

Wie oft erlauben Sie sich einfach zu sein, ohne zu suchen, zu kämpfen oder nach etwas mehr zu streben?

Hiroshi wird ein Vollmond für die anderen, nicht weil er einen Titel erlangt oder ein Ziel erreicht hat, sondern weil er eine grundlegende Wahrheit verstanden hat.

Vollständigkeit ist kein Ziel, sondern eine Anerkennung.

Und wenn auch Sie für andere ein Vollmond werden könnten, einfach indem Sie Ihre Essenz umarmen, sich selbst in all Ihrer Pracht und Unvollkommenheit akzeptieren?

Die Geschichte von Hiroshi lädt uns ein, einen neuen Weg zu erkunden, der nicht durch äußere Meilensteine gekennzeichnet ist, sondern durch innere Entdeckungen.

Denken Sie daran, wie der Vollmond am nächtlichen Himmel, haben auch Sie jederzeit die Fähigkeit, sich vollständig zu fühlen.

Vollständigkeit ist kein zu erreichender Zustand, sondern eine zu erkennende Realität.

Und sobald Sie sich als vollständig anerkannt haben, werden Sie feststellen, dass innerer Frieden Ihnen folgt wie ein freundlicher Schatten auf jedem Schritt Ihres Weges.

V
Epilog

Die Ewige Flamme

Entfachen Sie Ihren Geist
Leben bis zum Maximum

Die Ewige Flamme:
Entfachen Sie Ihren Geist – Leben bis zum Maximum

"Wie nähre ich meine Flamme, Meister?"

"Zuerst sei dir bewusst. Bewusstsein ist wie Sauerstoff für die Flamme. Wenn du abgelenkt bist oder von dir selbst entfernt, wie kann deine Flamme dann hell brennen?"
"Zweitens, reflektiere. Selbstreflexion ist der Brennstoff. Es ist das, was deiner Flamme erlaubt zu wachsen, indem es dir ermöglicht, dich selbst auf immer tieferen Ebenen zu verstehen."

"Und das Dritte?"

"Das Dritte ist positiver Gedanke. Stelle dir vor, deine Flamme tanzt, weil sie freudig ist. Dieser Gedanke allein kann dich der inneren Ruhe näherbringen, die du suchst."
"Aber vergiss nicht, innere Ruhe ist eine Reise, kein Ziel. Es gibt kein Ende für das Wachstum deiner Flamme. Selbst wenn du glaubst, einen Punkt der Stabilität erreicht zu haben, gibt es immer Platz für Erleuchtung."

So lade auch ich Sie ein, Ihre innere Flamme zu nähren.
Seien Sie sich bewusst, reflektieren Sie und pflegen Sie Ihren Geist mit positiven Gedanken. Auf diese Weise wird Ihre ewige Flamme weiterwachsen, hell leuchten und nicht nur Sie, sondern auch alle glücklichen Menschen um Sie herum erleuchten und wärmen.
Erinnern Sie sich daran, dass innere Ruhe eine unendliche Reise ist.
Beginnen Sie jetzt und lassen Sie Ihre ewige Flamme endlos brennen.

Zusammenfassung

Wenn Sie mit mir diesen Pfad der Entdeckungen und Erleuchtungen gewandert sind, nähern Sie sich nun dem Ende einer Phase und dem Beginn einer neuen. Stellen Sie sich jede erzählte Geschichte als eine kleine Flamme vor, ähnlich einer Zen-Kerze im Tempel Ihrer Seele. Einzeln und leuchtend haben sich diese Flammen zu einem lodernden Feuer vereint, das den Weg Ihres Lebens erhellt.

"Entzünden Sie Ihren Geist und leben Sie voll und ganz" – jede Flamme ist eine Einladung, das innere Feuer am Leben zu erhalten, es niemals erlöschen zu lassen.

Ich hoffe, die Geschichten haben wie kleine Mosaiksteine ein größeres Bild zusammengesetzt, das Sie fühlen lässt, als hätten Sie einen Schatz der Weisheit erobert — reich, facettenreich und stellenweise unerwartet. Jede Lektion ist wie ein Polarstern in der Nacht, der den Weg zu einem tieferen Verständnis Ihres Selbst und des großen Mysteriums des Lebens beleuchtet.

Auf diesem mystischen und zugleich irdischen Pfad haben wir gelacht und nachgedacht, uns gewundert und Schlüssel gefunden — nicht um verrostete Schlösser zu öffnen, sondern um Türen aufzustoßen, von deren Existenz wir vielleicht nicht einmal wussten im Labyrinth unseres Bewusstseins. Wir haben Schätze nicht in fernen Ländern gesucht, sondern im fruchtbaren Boden unseres Geistes und unseres Herzens.

So wie ein Zen-Meister Sie ermutigt hat, in der Leere Fülle und in der Komplexität Einfachheit zu sehen, strebt auch dieses Buch danach, ein stiller Freund mehr als ein autoritärer Lehrer zu sein. Es will keine endgültigen Antworten geben, sondern Werkzeuge anbieten, um die richtigen Fragen zu stellen. Die Pflege der Seele ist eine endlose Kunst; es reicht nicht, einmal zu säen und zu warten, dass alles von selbst wächst. Wie ein gut gepflegter Garten erfordert es Aufmerksamkeit, Liebe und vor allem ständige Präsenz.

Wir haben die Kunst der Achtsamkeit erkundet, wie ein Maler eine Leinwand betrachtet, den grauen Momenten Farbe und den hellen Momenten Tiefe verleihend. Wir haben uns auf das unebene Terrain der Selbstreflexion gewagt, gruben wie Archäologen unseres Seins, um vergessene Artefakte von uns selbst zu entdecken. Mit positivem

Denken haben wir gelernt, die Kapitäne unseres Schicksals zu sein, nicht die Anwesenheit von Stürmen leugnend, sondern durch sie hindurchsegelnd mit Kraft und Entschlossenheit.

Im Kapitel über den inneren Frieden haben wir die Fäden dieser Lehren zu einem Teppich verwoben, in der Hoffnung, dass er an den Wänden Ihres Geistes ruht und dauerhafte Ruhe und Gelassenheit mit sich bringt. Wie die Geschichte der "Ewigen Flamme" andeutet, ist innerer Frieden kein Ort zum Erreichen, sondern ein Licht, das wir mit uns tragen, ein Leuchtturm, der sowohl die unbekannten Strecken der Reise als auch die vertrauten Gesichter, die wir auf dem Weg treffen, erleuchtet.

Kehren Sie zu diesen Geschichten zurück, wann immer Sie es fühlen, so wie ein Pilger zu einem Heiligtum zurückkehrt, das sein Herz berührt hat. Jeder Besuch bietet eine andere Offenbarung, eine frische Interpretation. Wie ein östliches Schattentheater verändern sich die Lektionen je nach dem Licht, das Sie darauf werfen.

Dieses Buch ist eine Station auf dem endlosen Pfad Ihres Lebens. Es ist kein Endpunkt, sondern ein Ausgangspunkt. Jede Geschichte, jeder Gedanke, jeder einzelne Schritt ist ein im Garten Ihrer Zukunft gepflanzter Samen. Also gehen Sie weiter, säen Sie weiter und leben Sie vor allem in diesem ewigen Jetzt.

Der Weg zum inneren Frieden kann so lang sein wie ein ganzes Leben und ebenso abenteuerlich. Aber denken Sie daran, bei jedem Schritt, den Sie machen, sind Sie bereits angekommen. Es ist die Handlung des Gehens selbst, die das Ziel ist. Zögern Sie nicht. Jeder Schritt vorwärts ist ein Schritt zu Ihnen selbst, ein Schritt zum inneren Frieden. Jeder Schritt ist ein neuer Anfang.

Warten Sie einen Moment.
Blättern Sie um.
Ich möchte Ihnen meine
Dankbarkeit ausdrücken

Danksagung

Sehr geehrte Leserin, sehr geehrter Leser,
da wir am Ende dieser Reise zusammen angekommen sind, möchte ich
Ihnen zuallererst meine tiefste Dankbarkeit ausdrücken.
Vielen Dank, dass Sie sich dafür entschieden haben, einen Teil dieses
Weges mit mir zu gehen, dass Sie die Suche nach innerer Ruhe geteilt
und zugelassen haben, dass die Zen-Geschichten in den ruhigen
Momenten Ihres Lebens Funken der Achtsamkeit entzünden. Es ist
mein aufrichtiger Wunsch, dass die Geschichten, die mein Leben
bereichert haben, für Sie eine Inspirationsquelle und ein Leuchtfeuer
in der Dunkelheit waren.

Als Zeichen meiner Wertschätzung lade ich Sie ein, einige exklusive Inhalte zu entdecken, die ich speziell für Sie vorbereitet habe, um Ihre Reise weiter zu bereichern. Scannen Sie den untenstehenden QR-Code, um auf diese besonderen Boni zuzugreifen, die speziell für Sie konzipiert wurden.

Ihre Stimme und Ihre Erfahrung sind von unschätzbarem Wert für
mich. Wenn Sie denken, dass Sie Ihre Gedanken teilen möchten, wäre
ich Ihnen dankbar, wenn Sie sich einen Moment Zeit nehmen
könnten, um eine ehrliche Rezension auf der Amazon-Seite des
Buches zu hinterlassen.
Ihre Unterstützung ist entscheidend, um anderen Lesern auf der Suche
nach innerem Frieden zu helfen und sie zu inspirieren.

Hat Ihnen das Buch gefallen?
Scannen Sie den QR-Code,
um eine Rezension zu
hinterlassen

Mit unendlicher Dankbarkeit und der Hoffnung, dass der Frieden
immer Ihr Begleiter sein möge,

Sumitra Shakya

Der Pfad zur Inneren Ruhe
Sumitra Shakya

1. Auflage
Copyright 2024 – Sumitra Shakya
Alle Rechte vorbehalten.
Das Werk darf - auch teilweise - nur mit Genehmigung
des Verlags vervielfältigt werden.
ISBN: 978-3-98935-599-6

Lucid Page Media (ein Imprint der Orbita Media GmbH)
Ericusspitze 4
20457 Hamburg
Deutschland
kontakt@lucidpagemedia.de